说话的技术

世界最高
の
話し方

[日] 冈本纯子 著　姚奕崴 译　四川文艺出版社

果麦文化 出品

目 录

技术 1-50
-1-

后记
-165-

技术 1

说什么不重要
让对方记住
谈话时的心情才重要

"聊天"的英文是"small talk",字面意思是"小谈话",但其作用不可小觑。它是通往正式对话的入口,也是建立人际关系的第一步。

与一些欧美国家的企业高管交谈,你会发现对话的切入方式暗藏玄机。他们会满面笑容地走过来,先问候一句"How are you"(你好吗),然后看似随意地谈谈家事和个人话题,不知不觉就拉近了双方距离,片刻之间便能达到心情互通的状态。

精英人士都很注重聊天能力,**因为他们知道在交流中,重要的并不是说话的内容,而是要在说话时调控好对方的心情。**

美国女诗人玛雅·安吉罗曾说过这样一句话:"人们会忘记你说过什么、做过什么,但永远不会忘记你带给他们的感受。"

想必你一定有这样的经历:即便忘记了会面对象的样子和谈话内容,你也不会忘记对方给你留下的印象是好是坏。留在记忆中的只有印象和感受。

所以说,谈话的内容或许会被遗忘,但谈话时的感受毕生难忘。

聊天正是塑造这种印象和感受的机会,是自我展示的时刻。从聊天开始形成的第一印象决定了后续工作的成败,因此世界上的精英们绝不会白白浪费与人聊天的时间。

那么怎样才能拥有世界级的聊天能力呢?下面我就介绍一些具体方法。

技术 2

说话是离开自我视角投一个对方能接住的球

在聊天之前，先要了解什么是交流的基础。

"交流"的英文是"communication"，其词源是拉丁语中的"共享"一词。所以交流不是单向输出，而是双向沟通，它联结着信息的输出者和接收者。只有当二者之间产生某种化学反应时，信息才能顺利传递并打动彼此。

但是很多人都认为自己说了什么，对方就能听懂什么，于是随心所欲，信口开河。这种简单粗暴的表达仅仅是自说自话，对方多半会无动于衷。

自己说了什么，对方就能听懂什么，这种思维定式普遍存在，我就常常在大企业老板的演讲中发现这种问题。很多人一开口就滔滔不绝，充满抽象词汇、专用术语和晦涩用语，内容本身乏味至极，演讲方式也非常生硬……这种想怎么表达就怎么表达的演讲方式，对于听众没有丝毫吸引力。

如果想要相谈甚欢，就必须明白下面这个道理——人只想听到自己想听的信息。

对于深信"接种疫苗存在危险"或"全球变暖是无稽之谈"的人，即便把证据摆在他们面前，也是对牛弹琴。

不管怎样强调事实真相，都很难动摇一个人根深蒂固的思想。这种现象在心理学中被称为"刻板偏见"，人会不由自主地搜集可以支撑自己观点的信息，对与之相反的信息视而不见。因此，如果你提供的不是对方感兴趣的信息，那么对方必然不会接受。

如果想让聊天顺利进行下去，就不能说"自己顺口"的话，而是要说"对方顺耳"的话。

一心想要自我表达，想让对方倾听自己想说的话，这种自我主义万万要不得。把视线从自己身上挪走，这是提高说话能力的第一步。

如果想要开启对方的心门，唯有将你自己改造成和对方的"锁眼"相匹配的钥匙。因为对方的锁眼不会改变形状来迎合你这把钥匙。

交流的主角不是你，而是听众。**把焦点从自己身上挪到对方身上，这是交流的首要法则。**

技术 3

要用
两倍于表达的时间
来倾听对方

"天气"和"健康"都是聊天的万能话题,这是共识。但如果总是以自我为中心,一门心思地想要向对方说些什么,自顾自地喋喋不休,就算这种万能话题也会聊不下去的。

聊天时人都有一种倾向:喜欢一个劲儿地讲自己的事情,而不是考虑别人想听什么。有统计表明,在日常聊天中,一个人所说60%的内容都与自己有关。在网上社交时,这个比例是80%。

哈佛大学的神经学学者在研究中得到了一个惊人的结论:人在谈及自己时,会感受到类似于赚大钱、吃美食时的快感。因为**人在聊起自己的事情时,身体会分泌"快乐的荷尔蒙",也就是多巴胺,大脑中的相关部位也会兴奋起来。**另有实验证明,相对于获得金钱,人们更乐于向别人聊聊自己的事情。

这就是有些人聊起来没完没了的原因。

所以,如果将说话的机会交给对方,聆听对方所说的内容,对方就会沉浸在"快乐的荷尔蒙"之中。

生搬硬套说话指南,一味酝酿自己要说的话,对于聊天而言有害无益。倘若能够将说话的机会交给对方，让对方畅所欲言，那么你们自然会相谈甚欢。

在聊天和对话时，表达并不是最重要的，提问和倾听才更重要，也就是先"听"后"说"。

遗憾的是，很多人都缺乏基本的倾听意识。我创办的公司做过一项关于职场上沟通现状的调研，发现不善倾听是职场人在交谈能力方面最大的短板。

不过我也认识不少倾听意识很强的精英人士。

第一个浮现在我脑海中的便是软银集团的创始人孙正义先生。孙先生为人爽快，不摆架子。据说在他进军IT行业之前，只要你准备好他爱吃的布丁，即便没有事先预约也能见到他。

与孙先生相熟的一位集团老总曾说："孙先生的厉害之处在于他从不当场否定任何事情，而是先专注地倾听别人讲话，认真理解、吸收以后再作评论。"

还有一位是通用电气公司日本分公司的总经理浅井英里子女士。浅井女士柔美的笑容总会给人留下深刻的印象，堪称女性领导者的楷模。自从2018年1月就任以来，她最重视的就是与员工建立良好的沟通。她没有专门的总经理办公室，而是在办公楼层的正中央放置一张没有任何屏障的桌子。有时发现无精打采的员工，她就会过去打声招呼，问一句"怎么了"，然后做员工的听众。

她常说,顶级交流的要义,就是提问、倾听、谈话。

要想成为一名聊天达人,首先要学会做一名优秀的听众。有人说:"你说话的时候,只是在重复已知内容。但如果你倾听,也许会学到新知识。"

耳朵与眼睛成双成对,嘴却只有一张。一定要明白,不仅要会说,更要会听会看。

技术 4

多提开放式问题 给人自由表达的机会

想让对方畅快地与你交谈，关键在于提问能力，这可以说是聊天能力的精髓所在。

请大家以三十分钟为限，试着关注一下自己与他人的日常对话。**如果你在三十分钟内向对方提出的问题少于三个，那就需要注意了。你很可能是一个自顾自喋喋不休的人，或者是一个沉默寡言、会让交谈冷场的人。**

哈佛商学院有研究表明，多向对方提问才能更好地了解对方，也会让对方有好感，再次邀约见面的可能性更大。

所以，千万不要低估了提问能力的强大之处。

那么，如何才能"问得好"呢？我有一个建议：**多提开放式问题，让对方自由回答。** 相较于用"是"或"不是"回答的封闭式问题，让对方自由回答的开放式问题能让交谈更加顺畅。

开放式问题有一个通用公式：6W+1H。6W 指的是 what（何事）、who（何人）、when（何时）、where（何地）、why（为何）、which（哪一个），1H 指的是 how（如何），这七种类型的问题全部都是开放式的。即使对方不善言辞，只要密集调用

"6W+1H"公式,你就能轻松推动一段对话,还可以借此得知所发生事情的全貌。

下面就是一个运用提问公式推动对话的例子:

A:我被领导给骂了……

B:被骂了?哪个领导?(who)

A:就咱们科长,狠狠骂了我一顿。

B:好惨,出什么事情了呀?(why)

A:昨天开会,接了一句不该接的话,客户有点不高兴了。

B:那找个时机,看看怎么补救一下吧?(when 和 how)

A:我已经主动提出由我来写这次的项目报告。我会用心些,给客户留下个好印象。

技术 5

不断变换提问形式不让对话因一边倒而冷场

如果总是使用直接性问法，对话就会一边倒，也有冷场的可能。因此，擅长提问的人往往会在对话中变换提问形式，让对话无缝衔接。

哈佛商学院的学者将提问大致分为四种：

● 导入提问（如"你好吗？""你是哪里人？"）
● 反问提问（重复对方所提问题）
● 跟进提问（与对方所说内容相关的提问）
● 转换提问（转换话题的提问）

下面是一个运用四种问句推动对话的例子：

你：你是哪里人？（**导入提问**）

对方：我是山形县人。

你：山形县人呀？（**反问提问**）山形县是个好地方啊，哪家温泉比较好啊？（**跟进提问**）

对方：银山温泉很不错。那里的街景很有特色。

你：山形县的当地美食有哪些呢？（**转换提问**）

对方：山形县的芋头火锅很有名，不过我比较喜欢拉面。

你：是吗？我也想品尝一下呢！说到拉面，前些天我发现一家非常好吃的店。（自己想说的话题）

只要学会像示例这样，一边推进"问→答→问→答→适时插入自己想说的话题"的对话过程，一边不断变化提问形式，你很快就能成为聊天大师。

如果你是个不喜欢一直被提问的人，只需反过来向对方提问，就可以把话题转移到对方身上。

如果遇到一个喋喋不休的人，也可以主动问他一个你自己感兴趣的问题，借此转移话题。

不断练习，一定能逐步提高自己的提问能力。

技术 6

人只会将
半径十米范围内的事
当作自己的事

掌握提问的诀窍以后，就需要磨炼刚才讲到的"问→答→问→答→适时插入自己想说的话题"的最后一环，也就是表达自我。

当然，表达自我不是想说什么就说什么。你要**让自己的话题紧扣关联性、感兴趣、有价值这三个关键点**，这是吸引对方注意力的诀窍。

先讲第一个关键点：关联性。

大家觉得什么跟自己有关呢？家庭、健康、金钱、朋友、工作、兴趣爱好……

美国著名心理学家马斯洛曾提出，人类的基本需求共有五个层次，依次是生理需求、安全需求、社交需求、尊重需求、自我实现需求。在现实生活中，人的兴趣和需求，几乎都体现在与自己有关的事物上。

新型冠状病毒与全球气候变暖、难民一样，都是重大的社会问题，但人们对后两者的关注度并不是很高。

记住，**人只会将半径十米范围内与自己有所关联的事物真正当作自己的事。**

能解决手头的麻烦、便宜、实用、可以产生一定的社会影响，这些都是成为畅销商品的必要条件。想与人相谈甚欢，就可以参考这些条件，挑选与对方手头的烦恼和得失相关、能够为对方的生活带来便利、能产生一定影响的话题，我称之为"畅销商品法则"。下面是运用这一法则的具体例子：

手头——以对方容易接触到的事物为话题。
"附近开了一家大型超市。"
"公司来了一位很可爱的新人。"

烦恼——以一直困扰对方的事情为话题。
"我帮你做一套练出马甲线的方案吧。"

得失——围绕对方的利益得失找话题。
"咱们研究一下定投吧，两年内肯定赚钱。"
"你这么做，三万元肯定要打水漂。"

便利——以对人有实际功能的事物为话题。
"每个地铁站里都有自助租用充电宝的机器。"

"下载这个软件,出门打车就方便多了。"

影响——以产生重大社会影响,或对他人有重要影响的事情为话题。
"由于新冠疫情的影响,公司的业绩大幅下滑。"
"听说在这次人事变动当中,××先生成了上司。"

技术 7

别总想讲自己的成功
其实人们想听的
反而是失败经历

引人注意的第二个关键点是感兴趣。

我们经常在娱乐新闻中看到这样的报道：一个无人问津的普通人因为流行话题一夜之间名声大噪，可没过多久就被曝出隐秘往事，这段往事激发了大众的不同情绪，有人愤怒，有人开心，有人伤感。

这种报道通常都备受关注，因为它涵盖了让人感兴趣的众多要素：流行、有名气、一波三折、曝光秘密、激发情绪。跟人聊天时，也可以选择包含这些要素的话题，我称之为"绯闻法则"。下面是运用这一法则的具体例子：

流行——新鲜事物或流行话题。
"这是现在最受欢迎的甜点。"
"那部正在热映的电影不看可就亏了。"

有名气——有关知名人士、企业、商品等的话题。
"苹果的新产品。"
"丰田的新车。"

一波三折——以克服困难或经历失败的过程为话题。

"一贫如洗的流浪汉竟然成为年营业额一亿日元的企业的老总。"

"手握千载难逢的机会，居然一败涂地。"

曝光秘密——最好是首次披露，话题性更强。

"我不讨厌你啊。其实吧，我很喜欢你。"

"我其实是个富二代。"

激发情绪——能激发惊讶、愤怒、喜悦等情感的话题。

"今天堵车，我路怒了不下一百次。"

"战胜了可怕顽疾，在奥运会上摘得金牌。"

很多人总想讲述自己的成功事迹，其实人们想听的反而是失败经历。

林原麻里子是全世界最大的保险企业美国国际集团（AIG）日本分公司的执行董事。她曾在学生时代遭受校园霸凌，后来生活也一度穷困潦倒，作为一名单身母亲挺过了无数的艰辛。

这样跌宕起伏的故事十分吸引人，因此我建议她在合适的场合开诚布公、无所保留地披露这些失败受挫的故事，让公司内外的人心生共鸣。事实证明，这也确实为她增添了魅力。

技术 8

不要说"我真不错"
要说"你真不错"

引发注意的第三个关键点是有价值,这是最重要的。

假设上司与你聊天,你觉得下面哪一句话会让你更有干劲儿呢?

> A. 我在公司里的业绩连续五年排名第一,被嘉奖过很多次。跟着我好好努力吧,你一定能有所作为的。
>
> B. 你可是公司里不可或缺的人才,我觉得这项工作非你莫属,好好努力吧。

答案自然是 B。

人都会在不知不觉之间提起当年勇,摆出好为人师的架势,也总是乐于谈起自己的经历、成就、长处等,宣扬自我价值。但这些只对自己有价值,对于对方来说未必重要。

进行交谈时,任何人最想听到的都不会是对方的价值,而是自己的价值。每个人都希望被他人称赞,而不是听别人自我吹嘘。

直白地说,就是不要说"我真不错",而要说"你真不错"。

与人交谈时，**不要沉醉于自我表现，而要充分表达出对方的价值。**

这是聊天的一大诀窍，只要具备了夸奖他人的意识并付诸行动，别人对你的好感度就会大大提升。

如果不符合前文讲到的三个关键点，那么不论旅行、健康、美食还是其他话题，都不会让对方产生半点兴趣。

什么话题并不重要，重要的是这个话题与对方有怎样的关联性，对方有多感兴趣，以及会对对方产生什么样的价值。

无论是聊天、会谈还是演讲，凡是能够吸引听众的内容，必定满足这三个条件。下面讲一个丰田汽车公司社长丰田章男的故事，堪称运用三个关键点的典范。

2019年，丰田章男在他的母校美国巴布森学院的毕业典礼上发表演讲，题目是《找到你的甜甜圈》。

一开场他说，在整天学习、毫无乐趣可言的大学时光，甜甜圈是他的最爱。然后以此为比喻，激励每个人去寻找自己热衷的事物。

接着，他就运用了多个能吸引听众的技巧。

他要拉近与在场大学生们的关系，但并没有说"大家都是未来栋梁""在座各位无不才华横溢"这种陈词滥调，而是风趣地问："我能参加你们今晚的派对吗？"这个话题与在场的学生们密切相关，再加上他语气中的幽默感十足，一下子让整个会场充满笑声。

他没有吹嘘丰田公司的价值，只字未提"我们拥有最高端的技术，对社会做出了巨大贡献"之类的宣传口号，也没有高高在上地对毕业生说"你们要像我一样……"，而是对学生们说"你们都会为社会创造价值，希望大家永远保持现在的热情"，用肯定对方价值的方式来激励对方。

你看，精英人士们始终都把视线放在他人身上，而不是只顾自我表现，这样才能吸引他人、折服他人。

技术 9

用"认可、共鸣、赞赏、感谢"打组合拳能让交谈氛围更愉快

职场上，越是优秀的精英越擅长用夸人的方式来培养、激励别人，并因此深得人心。

我曾在客户企业中做过调研，发现80%的员工渴望得到上司的夸赞，但实际得到称赞的仅占40%。其实不管是管理者还是员工，只需小小的一句夸奖，就可以让人心情愉悦，充满力量。

一流的夸人诀窍，就是利用认可、共鸣、赞赏、感谢这四个要素打组合拳。在日文中，这四个词的第一个假名连起来正好是"保管柑橘"的意思，所以我称之为"保管柑橘法则"。下面是具体举例：

认可——发现对方的亮点并给予认同。
"原来如此，还有这种方法呀。"
"最近你的表现很不一样呢。"
"你每天一大早就起来做便当，辛苦了。"

共鸣——与对方感同身受，加以赞同和肯定。
"你的心情我非常能理解。"

"你说得对。"

"一定很不容易吧。"

赞赏——夸赞对方的优点。
"你的品位真不错啊。"
"你让我学到了很多。"
"不愧是专业人士啊。"

感谢——表达谢意。
"谢谢你一直以来的照顾。"
"非常感谢你对我提出针对性的建议。"
"多亏有你在,真的非常感谢。"

首先是认可。当自己的努力得到认可时,任何人都会非常高兴。

然后是共鸣。试想,如果对方与你有共鸣,能理解你的心情、肯定你的想法,你一定会感到安心。

接下来是赞赏。当自己的优点得到称赞,任何人都会干劲十足。

最后是感谢。多项研究表明,如果能收获他人的感谢,工作效率就会大大提高。

下面是一个实际运用认可、共鸣、赞赏、感谢的表达范例。

听说你搞定了个大单子啊。（认可）之前越辛苦，现在也就越开心嘛。这种心情我懂的。（共鸣）你对待客户一直很用心，干得不错！（赞赏）我发自内心地祝贺你，也感谢你的付出。（感谢）

如果身边能有这样一位领导，你一定会在工作上加倍努力。

技术 10

夸人要讲"基本法":
即时、具体、真诚

在掌握认可、共鸣、赞赏、感谢这四个要素的基础上，继续学会夸奖的三条"基本法"，你的夸人技巧就会更上一层楼。这三条"基本法"就是：

- 即时夸奖（在负责的工作结束后当即夸奖）
- 具体夸奖（夸奖的内容要具体）
- 真诚夸奖（融入真情实感进行夸奖）

这三条中，"具体夸奖"最为关键。**夸奖时要尽量把焦点放在对方的具体行为上**，这样不仅能体现出你确实在关注对方，也能让对方意识到自己的哪些行为会得到赞赏。举个例子，"表现不错"和"你刚才的演讲，论证部分简直太有说服力了"都是对人的夸奖，但显然后者的效果更好。

这三条"基本法"可以与前面讲到的四个要素搭配使用。

朋友间不要只是走过场似的说一句"谢谢你"，可以这样说："今天你这么忙还来帮我，太谢谢你了。"

上司也不要只是对下属说一句"辛苦了"，可以换成："今天你很努力，一直面带笑容，客人们都特别满意。"

像这样在表达时多一份真挚，情感的表现力就会有所不同。

技术 11

心理学验证：
夸奖六次、批评一次
是黄金比例

除了夸奖，批评也是不可或缺的能力。比如上司面对下属，有时就必须加以训斥，督促其改进不足之处。所以我们还需要知道怎样正确批评对方。

有些上司批评下属时缺乏技巧，甚至被扣上"职权骚扰"的帽子。我培训过的不少公司高管就表示，批评别人并不容易。对于有这种困扰的人，我建议先学着把夸奖与批评恰当地融合到一起。

"夸奖→批评→夸奖"这种三明治结构的批评方式曾流行一时，但现在已经过时了，因为它容易造成两种极端。研究表明，人在心理上会更加在意否定性的评价，所以夸奖的内容很容易被白白浪费。也有人为了避免这种浪费而加大夸奖力度，结果使应该给出的批评被淹没在肯定性的评价当中，无法引起对方的注意。

美国一家著名的管理咨询公司的研究表明，"肯定性反馈"与"否定性反馈"的最佳比例为 6∶1。

也就是说，**批评了一次，就要夸奖六次。**

在欧美企业里，管理者很注意掌握夸奖和批评的比例，但在一些东亚企业中则不然。比如，日本人不爱夸人在世界上就是出了名的。很多日本企业的员工渴望得到肯定，但很少有机会被夸奖。事实也证明，日本劳动者对于工作的热情和积极性处于世界较低水平。

你看，将夸奖和批评调和在一起的能力是非常重要的。

技术 12

引导对方发现问题和解决方法才是有效的批评

掌握了夸奖和批评的合理比例，就要开始打磨自己的批评能力了，争取让每句批评都产生效果。那么，什么是有效果的批评呢？

只有完全被对方接受、吸取的建设性否定反馈才能被称为有效的批评。也就是说，不仅要表达批判意见，还要促使对方改善缺点。否则，批评就变成了骂人，变成了情绪发泄，起不到任何建设性作用。

人必须自己思考、自己醒悟，才能获得本质性的改变。所以，向对方巧妙地提问，引导对方自行发现问题和解决方法，才是更加有效的批评方式。

批评时要注意具备以下四个要素：

●事实（因为什么事情而批评）

●后果（为何这样做是不对的）

●感受（"我"是怎么看待这件事情的）

●建议（引导对方说出解决方法）

批评时一定不要用说教的方式将自己的想法单方面地施加给对方，也一定不要过度指责而伤害到对方。

不要将对方作为主语，使用"你真的……"这种句式去问责，应该将自己作为主语，使用"我觉得很遗憾"等语句来表达自己的想法。

特别提醒，这个技巧在父母批评孩子时也适用。

下面是运用上述四要素的表达范例。

【错误的批评方式】

上司：你为什么不向我报告？忘了是什么意思？真是毫无责任感！你这个毛病到底什么时候能改！

属下：对不起……

【有效的批评方式】

上司：今天有一份重要的报告你没有上交啊。（讲清事实）没有这份报告的话所有业务都会被严重推迟。（说明后果）我觉得很遗憾。（表达感受）

属下：我太忙了，所以忘了交报告，非常抱歉。

上司：以后要怎么做才不会忘呢？（提出建议）

属下：从现在开始，我会在日程表上设置提醒。以后我会多加注意，非常对不起。

根据美国知名咨询机构盖洛普公司的调研，得到反馈（哪怕是否定性评价）的人工作更有热情，其积极性比未得到任何反馈的人高出二十倍。

既没有肯定性评价，也没有否定性评价，什么沟通都没有，这才是最糟糕的。

别再一味指责！别再长篇说教！别再榨取热情！

我们要正确地给予夸奖，正确地给予批评，做一名激励他人的魔法师。

技术 13

优秀的说明
能让人"看到"信息
而不是"读取"信息

无法直截了当地传达信息，不知不觉间就讲得很啰唆，这是很多职场人沟通工作时的通病。现在已经进入网络时代，很多业务都可以线上办理，这就更需要锻炼出简明扼要说出重点的能力。

下面会教大家如何将自己脑中不断发散的想法和意见巧妙地加以整理并转化为语言，让你说出的话简单易懂。学会这些方法，你就能成为"说明大师"。

想成为"说明大师"一定要具备两种能力：第一，将信息浓缩为扼要的一句话。第二，知道先说什么、后说什么。

我们从第一种能力开始讲解吧。

假设你去便利店，看到货架上摆着三种方便食品，它们的配料完全一样，但标签文案各不相同，分别如下：

A. 蔬菜肉汤。

B. 健康的有机蔬菜炖肉汤。

C. 去皮的土豆、胡萝卜和藕切块，与切丝的培根一同放

入水中煮三个小时，再用盐、胡椒和味噌调过味的汤。

你会买哪一种呢？

第一种太过朴素，凸显不出商品的卖点。第三种太长了，乍一看不知所云。第二种是最好的文案，能让人一眼便看出卖点是什么。

也就是说，第二种文案是最简单易懂的。

这个案例告诉我们，要想让客人（听众）买东西（听懂），就需要将商品的最大卖点（最重要信息）浓缩到一句吸引眼球的广告语当中。

能否将信息浓缩到一句话当中，决定了你能否成为一名"说明大师"。

几乎所有企业都会用一句话告诉消费者自己的经营理念和优势，显示与其他企业的不同，比如日本快餐连锁品牌吉野家的广告语"美味、便宜、快捷"。同理，我们也必须学会用一句话归纳自己想说的内容。

将最想陈述的结论和关键信息浓缩为极具冲击力的一句话，这个过程跟给杂志、报纸、自媒体的文章取标题同理。

读者一定会先读标题，然后再决定要不要读文章。如果标题毫无吸引力，应该不会有人去读冗长的文章吧。

每个国家媒体文章的排版方式不同。在日本，报纸的新闻标题一行是九至十一字，两行则是二十字左右，再考虑到日本最大门户网站雅虎新闻通常的标题字数，我认为**把一句话概括进十三字以内效果最好。**其他国家的读者可以根据本国的情况酌情参考。

这样的一句话能**让人"看到"信息而不是"读取"信息**，从而以直观的方式轻松理解内容。

技术 14

以"大词"为核心组成的句子最为简洁有力

要怎样凝练出吸引对方且具有冲击力的一句话呢？我推荐的方法是"语言整理术"，这是世界著名的整理术专家、《怦然心动的人生整理魔法》的作者近藤麻理惠教给我的方法，总共分三步。

第一步，盘点可能用到的所有词语。

比如你要为这本《说话的技术》写一句广告语，第一步就是像出门前挑衣服一样，把可能用到的词从大脑这个"衣柜"里挑出来一一排列。比如：交流、说话方式、被爱、被信赖、秘诀、方法、交流能力、方程式、法则……

第二步，对盘点出来的词进行筛选，找出最令人心动的语言，它们就是"大词"。 比如：交流能力、法则。

第三步，以"大词"为核心组成简洁有力的句子。

要注意，一味追求简洁并不能制造出语言的冲击力。能打动人的句子不仅要简洁，还要引人注目、动人心弦。相信如下所示的五个方法会对你有所帮助：

比喻——比喻不能老套，要别出心裁。

"交流能力如同肌肉，越练越强。"

数字——加入具体的数字。
"交流的七大必胜方程式。"
"备受喜爱的交流能力提升三大法则。"

益处——告诉对方他能得到什么帮助。
"提高交流能力，收入翻倍。"
"就业、成婚全靠交流能力。"

力量——适当使用"最强""世界第一""神级"等有力量感的语言。当然，必须符合实际情况。
"直接传授！世界最强的沟通术。"

？→！——设置悬念，让对方先感到困惑，而后意识到其中藏有玄机。
"交流能力要向《哆啦A梦》里的野比大雄学习！"
"交流能力，没有也罢。"

在这五种方法中，善于沟通的精英人士都很擅长最后一种。比如我在前面讲过的丰田章男，他的演讲《找到你的甜甜圈》

就是运用第五种方法的典型案例。

还有一个给我留下深刻印象的案例,就是美国天才作家大卫·福斯特·华莱士的著名演讲的标题《这就是水》。那是他在大学毕业典礼上做的演讲,讲稿中有很多小故事,其中一则是这样说的——两条年轻的鱼正在水中游着,这时一条年长的鱼向它们游了过来,与它们擦身而过时,年长的鱼问道:"早上好,小伙子们。今天的水如何呀?"两条年轻的鱼游了一小会儿,随后面面相觑:"水是什么啊?"

华莱士用《这就是水》作为演讲标题,先勾起听众的好奇心。在演讲过程中,他也多次强调这句话,形象生动地告诉听众,人生中最明显、最重要的事物往往是最不容易看见、最不容易想到的,不要丢掉这些最重要的东西。

创新、体系改革……这种干瘪乏味的辞藻并不会让人动容。参考上述五种方法,为你的"那一句话"注入灵魂吧。

技术 15

说明一件事情时你就是把听众引向终点的领航员

一句话标题写得再漂亮，如果后面的具体内容杂乱无序，对方还是无法有效地获取信息，你依旧不能有效地说服对方。所以，说明事物时必须要有正确的顺序。

在向听众说明一件事的时候，你就是把对方引向终点的领航员，因此最重要的就是**提示对方目前身处何处、接下来会被带往何方，不要让他迷路。**

如果既没有顺序也不成体系，只是一个劲儿地喋喋不休，对方就会搞不清自己目前处在什么层次，也就丧失了方向。

现在给大家介绍一条不会让对方迷路的"铁板规则"，在美国，这是从小就会学到的常识。

开头总起，用一句话告诉大家接下来要讲什么。随后，展开讲述详情。最后总结，用一句话归纳所说的内容。这就是美国人从小就要学习的说明方法——"汉堡说话术"。

- 总起（今天我要讲的是××）
- 详情（所谓××，就是……）
- 总结（以上就是对××的介绍）

使用汉堡说话术有两个要点：第一，运用前面讲到的办法，把关键信息浓缩为一句话，这句话既作为总起，也作为总结；第二，整段话必须由三部分组成。

美国人自幼儿园开始就被一遍遍地灌输这条"铁板规则"。老师会要求他们在关键信息这块"面包"中加入详情这块"肉馅"，就好像汉堡一样。

"总起→详情→总结"的"汉堡说话术"是非常基本的说明要诀。在表达这个结构里面的"详情"部分时，我推荐你运用三种说话路线图，能让"汉堡"更有料。

技术 16

提出观点或要求时马上说明原因和理由就一定能成功

第一种是"为什么呢"说话路线图。

也就是将"汉堡说话术"的"详情"部分拆解为"理由"和"事实",这样整体就变成了"总起→理由→事实→总结"的表达顺序。

下面举个例子,我用这种方法来说明"良好的沟通交流能力可以让年收入翻倍"这一观点。

【总起】
良好的沟通交流能力可以让年收入翻倍!

【详情】
理由:具有沟通交流能力的人必然擅于人际交往、快速解决问题和临机决断,而这些都是事业成功的必备能力。
事实:投资大亨沃伦·巴菲特曾说过:"让自身增值50%的最简单的办法就是提高沟通能力。"以擅于人际交往为例,这样的人会有很多互相扶持的伙伴,也能建立关系网,这些都是做生意的根基。

【总结】

可见，沟通交流能力是一项可以让你年收入翻倍，甚至增加一百倍的能力。

在英语中，这种方式被称为"point（总起）→ reason（理由）→ example（事例）→ point（总结）"或是"point（总起）→ evidence（论据）→ explain（阐述）→ link（推导结论）"，简称 PREP 或 PEEL。

阐释理由非常重要，不仅能帮你把事情说清楚，还能增强你的说服力。**只要在说出观点或需求之后随即阐释理由，那么不论你的观点和需求是什么，都将得到出乎意料的积极回应。**

哈佛大学心理学教授艾伦·朗格曾经做过这样一个实验，用三种方式表达"请尽快复印五份"，验证哪一种效果最佳。

A. 不好意思，复印五份，请尽快。
B. 不好意思，复印五份，有急用，请尽快。
C. 不好意思，我需要五份复印件，请尽快。

最终，尽快复印完成的概率分别是 60%、94%、93%。当解释了"有急用"这个理由之后，概率显著提升。

请注意第三种说法——"我需要五份复印件"，其实这并不是一个真正意义上的理由，但由于其中包含了因果逻辑，所以发挥的效果与第二种相近。

我在纽约的时候，常常观察流浪汉的说话方式。他们乞讨的方式各不相同，所以讨来的钱数也天差地别，这着实发人深思。

绝大部分流浪汉都是把碗往路人面前一放，嘴里念叨着"请给我一点零钱吧"。不过也有流浪汉与众不同，会当众发表演讲。

某天我见到一个流浪汉走进地铁车厢后这样说道："大家好，我并不像你们想的那样是个流浪汉。我是一名真正的老兵，因为患上了一种极为罕见的骨骼疾病，迫不得已才流落街头……"

大把大把的钱被扔进了他的碗里，数量之多令人咋舌。

"请给我一点零钱吧。"

"帮我一下。"

"我推荐这款商品。"

这些句子都是苍白无力的。提出任何观点或要求时，都要加上原因和理由。这样仅需只言片语便能够让说服力得到显著提升！

技术 17

解释一件事情时
无论内容多复杂
都只能归纳为三条

第二种是"分三条"说话路线图。

解释一件事时，无论内容有多复杂，都只能归纳为三条。

归纳的思路有很多，可以按照时间顺序（过去、现在、将来），地点顺序（欧美、亚洲），重要程度（首先、其次、最后），等等。

下面举个例子，我用"分三条"的方式来宣传我曾经推出过的一个沟通术训练项目。

【总起】
我公司专门面向企业管理者，推出了独一无二的沟通交流能力改善项目。

【详情】
这个项目有三大特色：
第一，所讲授的知识和技巧都是国际顶尖水平。
第二，专门针对企业管理层，成效斐然。
第三，方法别出心裁，您必将获得突破性进步。

【总结】

我向您承诺，您将有惊人的收获。

"分三条"的方法，在世界各国领导人和企业高管的发言中也屡见不鲜。例如，新加坡第三任总理李显龙在新冠肺炎疫情记者会上曾有过这样的发言："我要从医疗、经济、心理这三个方面来谈，下面讲几个重点。第一是……，第二是……，第三是……。"李显龙总理讲话的特点是既有格调，又饱含感情，这种逻辑清晰、浅显易懂的表达令民众深深信服。

亚马逊的创始人杰夫·贝佐斯也经常运用这个方法。"亚马逊的三大理念是拥有长远的眼光、顾客至上和不断发明。""我们重视'选品''便利''价格'这三大支柱。"这些都是贝佐斯经常挂在嘴边的话。

据说亚马逊公司内部有一个有关沟通交流的著名问题："如果在公交车上，对方马上要下车，只能再跟他说三句话，你会说哪三句？"可以说亚马逊彻底贯彻了"分三条"的沟通方法。

想让你的表达更有条理、更易懂，就务必要把重点内容限定在三条以内。

那么为什么不是分两条或分四条，而是"分三条"呢？因为"三"是一个不多不少刚刚好的魔法数字。从古至今，**"三"都是一个具有稳定性的常用数字。**"过去、现在、未来""金牌、银牌、铜牌"……类似的还有很多很多。

"分三条"是一种极具说服力的表达方式，使用前一定要先把三条内容想好并牢记于心，以免出现想不出第三条是什么的情况而尴尬收场。此外，**滥用此法会让听众感到乏味，因此一定要用在关键时刻。**

技术 18

一段优秀的陈述
必须能给对方获得感

第三种是"解决问题"说话路线图。

就是在详细说明一件事情时，使用"提出问题→解决问题"的模式。这是全世界领导者们的必胜沟通法，因为它最能激发听众的兴趣。

在日本，有几位全国顶尖的演讲稿撰稿人，其中有一位女士曾为美国首席大法官撰写过演讲稿。她曾直言不讳地说："表达观点、发表意见本应该是一种乐趣，但在日本，却变成了要捏着鼻子学习的技能，让人兴味索然。"

这位女士告诉我，**一段能让人提起兴趣听下去的表达，其结构应该是"提出问题→解决问题"，也就是先点破对方的某个困扰，然后阐述解决方法。**

这个表达方式，也是历届美国总统经常使用的黄金结构。例如，奥巴马总统2009年就职演说的开篇部分，就是列举了种种问题，然后一一阐述解决方法："……我们正处在危机之中。我们的国家正在对暴力和仇恨宣战。我们的经济也被严重削弱……房屋失去了，工作丢掉了，商业萧条了……"

这种表达方式也是电视购物节目的常用套路。

【问题】

天气转凉了啊,一定有观众手脚冰凉。

【解决方法】

那来看看这块暖和的毛毯吧!

【问题】

不知道您有没有过煳锅的经历?

【解决方法】

下面给您介绍一款不粘锅!

十三字表达+"汉堡说话术"+三种说话路线图,只要掌握了这套方法,每个人都能瞬间蜕变为"说明大师"。

技术 19

只会忠实地阐述事实就不可能有好的表达效果

面对肆虐的新冠病毒疫情，日本政府在降低重症发生率方面做得还算不错，但是民众对政府的支持率却出现了短暂的大幅下跌。造成民众不满的原因之一就是沟通交流上的问题。

不少日本人一看到新闻发布会上只会念发言稿的日本官员，就感到失望透顶："他们一定是在胡说八道。"

而一听到其他国家的官员们脱稿发言，就感觉如沐春风，仿佛情感的穴位受到了刺激，认同感像不受控制一样奔涌而出："是的是的，就是这么回事！"

这就是有共鸣和没有共鸣的差异。如果你只会忠实地阐述事实，那根本不可能有好的表达效果。

如今，激发共鸣是一项必备能力，对于管理者而言更是如此。不论做什么工作，一旦下属觉得你颐指气使，投诉你"职权骚扰"，那么一切努力将付诸东流。

尤其是在以信息流通为基础的社交媒体时代，感同身受、激发共鸣的能力更是不可或缺。

因此，理想的管理者形象从高高在上的教官型，逐渐向与员工站在同一水平线、激发员工奋斗意愿

的共鸣型转变。 这一动向，在世界顶尖精英中尤为显著。

苹果公司创始人史蒂夫·乔布斯、通用电气原首席执行官杰克·韦尔奇等管理者的强权型管理风格，曾在美国的超一流企业中风靡一时。但如今，苹果公司首席执行官蒂姆·库克、微软公司首席执行官萨提亚·纳德拉等共鸣型管理者正走上台前并获得成功。这就很好地说明了共鸣的重要性。

蒂姆·库克与暴躁易怒的史蒂夫·乔布斯截然不同，是一个温和派，遇事强调和而不同，善于引发共鸣。

"我该如何服务于人性？这是我一生中最大的课题，也是最重要的一个。"

在麻省理工学院的毕业典礼上，库克说出这样一句话。

面对习惯于以自我为中心的当代人，库克从利他的视角表达了"服务人性"的重要意义。

萨提亚·纳德拉曾在书中写道："共鸣是我全部热情的中心。"

他抚养了两个身患残疾的孩子，这一经历让他明白了激发共鸣的重要性。

他曾说："只有引发共鸣，才是一个企业最重要的事。"

谷歌公司首席执行官桑达尔·皮查伊也是一位受人爱戴的管理者，这一点在管理界有目共睹。

很多人都盛赞他具有体察他人困苦的能力。有媒体说他"回答问题时深思熟虑，平易近人，而且真正与人产生了共鸣"。《福布斯》杂志这样称赞他："有分寸，能够向人们表达出自己的感同身受，并不遗余力给予帮助。"

软银集团创始人孙正义、资生堂的鱼谷雅彦社长、日本著名购物平台ZOZO的创始人前泽友作等人同样具备令我印象深刻的激发共鸣的强大能力。

当然，我也遇到过毫无共情能力的人。我当记者时采访过一家巨头企业，有个目中无人、不可一世的员工给我留下深刻印象。我已经记不清具体的谈话内容了，但他那种居高临下的口气，以及让我心中十分不快的感觉依然记忆犹新。

多年以后我翻看名片集，只见唯独那人的名片上被我画了一个大大的叉。

这个"绝无仅有"的人物后来也当上了社长，一度被奉为神级领导。

诚然，具备"黑暗三性格"——马基雅维利主义、自恋、精神病态——特质的人更容易出人头地，这是不争的事实。

不过，像曾任日产汽车公司首席执行官的卡洛斯·戈恩那种管理者给企业造成毁灭性打击的事例，同样不胜枚举。

那个名片上被我画了叉的人物，最终也让公司背负了巨额损失，使经营陷入岌岌可危的境地。

技术 20

**不仅要做好人、能人
更要做令人愉悦的人**

在很多公司，强权型管理者依然备受推崇。不可否认，很多强硬的管理者确实深谙经营之道，但"恐怖政治"带来的问题也层出不穷，甚至到了"职权骚扰"的地步。

与人为善的亲和力和业务能力是管理者必备的两项素质，换言之就是情商和智商。如前文所述，与人为善的亲和力比业务能力更加重要，也更能带来影响力。在当代社会尤其如此，这一点得到了多项研究成果的印证。

换句话说，**不仅要做好人、能人，更要做令人愉悦的人。**

有读者会说，经常看到一些口无遮拦、喜欢到处与人交恶的管理者反而能获得狂热的拥趸，这是不是匪夷所思？

并不是。这种人当然称不上"好人"，却有可能是让支持者心情愉悦的天才。他本身或许并没有一个成形的管理思路，但是他能够敏锐地察觉到别人的想法，知道支持者们想听到什么，并且很擅长用语言表达出来。他不断地肯定支持者们的信条，让这些人渴望被认可的心理得到满足。

也就是说，这种管理者其实是支持者的化身。对于支持者而言，否定他，就等同于否定自己。

可以说，这是顶级的共鸣型管理者。

你可以批评这种人，因为他确实是在迎合大众，但不能把共鸣当作邪门歪道而小看它。其实引发共鸣也并非一味地迎合什么人，而是把亲和力和共鸣作为武器来解决问题。

这才是后新冠疫情时代管理者应有的形象。学会激发共鸣，是这个时代不可或缺的能力。

下面我讲两个能让你激发共鸣的诀窍。

技术 21

表达同理心的三个魔法词：没错、放心、我理解

第一个诀窍：**与人谈话时，要表现出自己理解对方的情感。**这个诀窍的原理来自心理学的"互惠关系定律"。人们都会对与自己感同身受的人产生共鸣。

美国纽约州前州长安德鲁·科莫就很擅长这一点，他的具体做法是在交谈中**"我们"二字不离口。**

他坚持每天召开新闻发布会，关心、鼓舞那些因为新冠疫情而惶惶不安的民众，体会他们的感受。他时常在发布会上这样说："我们都会恐惧。我们都会怯懦。但是，疫情不会永远存在。我们必将跨越难关。我们正在并肩作战。我们正身处于同一条战壕。"

他用"我们"这个词让纽约人团结一致。人们说他的话语里饱含深情，"就像在餐桌边鼓励家人的父亲"。

新西兰总理杰辛达·阿德恩被誉为"地球上最有能力的领导者"。她是一位女性领导人，也是一位典型的共鸣型领导者。

她在新西兰高效应对新冠疫情，其行事方法备受赞誉。在新闻发布会上或面对公众媒体时，她始终激励着感到孤独与不安的国民。晚上，她在自己家中身穿运动衫向国民发表讲话，用温柔包围每一个人，把关怀传递给每一个人。

因为工作关系，我曾与阿德恩总理有过一面之缘。她丝毫没有架子，永远面带笑容，恰如其分的亲近感及充沛的精力都令我印象深刻。

她很有女性魅力：漂亮的鬈发、高跟鞋、精致的妆容……这些都是她待人接物时展现亲和力的方式。

如果你能体察并主动说出对方的情感，对方便会认为"自己的烦恼和心情被人理解、被人说中"，这样自然而然地会取信于对方。刚才介绍的两位领导人，都是这样与人交心的。

有读者会说："话虽如此，但还是很难了解对方的心思。"对于有这种看法的人，我建议你多用用下面这三句话："没错。""大可放心。""我理解。"

这样就能够让对方觉得自己被人关心，自己的心情被人理解。

这种说话方式，可以在片刻之间将对方"不对不对，不是这样"的抵触心态，转变为"对的对的，就是这样"的合作心态。

技术 22

人每天决策 3.5 万次
绝大多数都源于直觉
而非逻辑和事理

激发共鸣的第二个诀窍，就是**调动对方的情感，以此在说话人和听众之间营造共鸣的状态。**

有这样一种"共鸣王者"，他们善于找到大众普遍担心的问题，并公开宣布自己绝不会让这样的事情发生。这就能够给支持者一种安心感和得胜的快感，从而激发听众们的共鸣。

担心、绝不允许、快乐，这三项相加，便是他们激发共鸣的手段。

当然，这种不断煽动情感、让人们持续处于亢奋状态的手段绝不可取。但是，如果能从正面理解情感的重要作用，打好情感牌，就能最大限度地激发共鸣，让听众接受你要传递的重要信息。

据说人在一天之内会做出多达3.5万个决定，其中绝大多数都源于直觉，而非逻辑和事理。

诺贝尔经济学奖得主丹尼尔·卡内曼经过研究发现，人脑存在着两个系统，一个是高速自主判断事物的系统，另一个是经深思熟虑做出判断的系统，人们很容易依靠前一个系统做出非理性的决定。

也就是说，人是情感的奴隶。

因此，即便罗列再多的证据、数据，任凭逻辑多么缜密，如果不能触动人的情感，就不会有说服力，也无法博得共鸣。

据研究，从长远来看，全球变暖会比新冠疫情造成更严重的危害。但是人们依旧关心新冠疫情，对全球变暖则无动于衷。可见，只有当问题发生在身边，自己很可能成为直接受害者的时候，心中的警报装置才会发出尖厉的报警声，人们才会采取行动。

人在感到恐惧、想保护自己生命的时候，会本能地激起神经或腺体的反应，产生应激，让身体随时做好防御、挣扎或逃跑的准备。

情感就是激发强力行动的开关。

技术 23

逻辑能影响行为是因为首先唤起了人们的某种情感

人是情感的奴隶，这句话还有一个隐含的意思：**情感不同于逻辑，它是会传染的。**

能够激发愤怒、喜悦、恐惧等强烈情感的信息，都具有爆炸性的传染力，所谓热搜、热帖，就是这么一回事。在被唤起的强烈情感面前，逻辑只能甘拜下风。

当然，逻辑也能够影响人的行为，但那也只是因为它首先唤起了人们的某种情感。

想要知道你说的话到底有没有打动对方、产生共鸣，我的"药方"是"语气词法则"，也就是看看对方有没有下意识地用语气词发出感叹。日本人在日常交流中就经常用到这个方法，尤其是配合细微表情和小动作"服用"，效果更佳。

哎呀！（微微皱眉）——关注

哇！（星星眼）——钦佩

不错呀！（露出微笑）——赞赏

哎！哎！哎！（连退三步）——恐惧

嗯！嗯！（不断点头）——认可

咦——!（一脸嫌弃）——厌恶

哎——?（瞪大眼睛）——惊讶

哎哟喂!（拍大腿）——意外

哟!（眼前一亮）——喜悦

嚯!（竖起大拇指）——感叹

下意识的表情和动作是不会骗人的。如果对方听了你的话后毫无反应，那就说明，你还得好好练呢。

技术 24

讲故事是引发共鸣的最有效方式

讲故事是使情感发生化学变化的最有效方法。**比起乏味的逻辑，人这种生物更容易与故事产生共鸣。**

很多商业精英总是喜欢把乏味的经营理论和抽象理论挂在嘴边，但其实效果不佳。越是一流的领导者越擅长讲好故事。

迄今为止我所遇到过的高管中，在讲故事方面最打动我的是日本电产公司的创始人永守重信。

他是个有趣的大人物，散发的气场也非常强大。到现在我都清楚地记得他所讲述的年少时的故事："那时的生活一贫如洗，食不果腹。有一天我去同学家，餐桌上摆放着我从未见过的食物——牛排和奶酪蛋糕。味道简直棒极了！我心生感慨，原来世界上有这么好吃的东西啊！我问这位同学他的父母是干什么的，他回答我说是总经理。所以，我便立志成为总经理。"

他还讲过很多打动人心的故事，虽然已经过去将近二十年了，但他那时的表情，我依然记忆犹新。

在那之后，因为工作的关系，我又多次见到过永守重信先生。不论哪一次见面，他都散发着让周围人产生共鸣的能量。

真正的说话高手都是一流的故事讲述者。

前文提到的共鸣型管理者、谷歌公司首席执行官桑达尔·皮查伊曾说过："我不会讨厌、瞧不起任何一个员工。"2020年，他曾为一所高校的毕业生们送上了一段震撼人心的视频演讲。他讲述了自己在印度的贫穷家庭中成长的故事，鼓励大家要心怀希望："我直到十岁都没有电话，读研究生之前也从来没有接触过电脑。爸爸掏出他整整一年的收入作为我的路费，多亏了他，我才能够去往斯坦福大学研究生院读书，那是我第一次坐飞机。我在美国的生活依然很艰苦，一个背包的价钱相当于我爸爸一个月的薪水。"

2020年7月，杰夫·贝佐斯在美国的下议院听证会上也讲述了一段往事："妈妈生下我的时候，还是新墨西哥州阿布奎基市的一名十七岁高中生。在当时，高中生怀孕并不是一件光彩的事。她去夜校读书，那里有位老师允许她带着我听课。她上课时会带上两个帆布背包，一个装教科书，另一个装尿布和奶瓶……"

接着，贝佐斯讲述了他移居巴西、四岁时被收养的事，以及他将亚马逊发展壮大的历程。

古今中外，那些克服重重苦难、经历无数挫折后获得成功、出人头地的故事，也就是"贫民窟的百万富翁"的故事，都无一例外地打动着成千上万人的心。

冗长艰涩的讲座让人感到痛苦，有趣的电影或电视剧则让人兴趣盎然。**因为故事能对人的大脑产生刺激，进而刺激分泌各种激素。其中包括能使人兴奋、激动的肾上腺素和能使人安定的后叶催产素，这些激素会影响人的情感，让人们被这些故事吸引。**

在情感的作用下，人与人之间的距离会被拉近，这就是心理学上所谓的"吊桥效应"：当一个人提心吊胆地过吊桥时，会不由自主地心跳加快；如果此时碰巧遇见另一个人，那么他会错把由这种情境引起的心跳加快理解为对方使自己心动才产生的生理反应，从而产生爱情的错觉。

心理学界有这样一种说法："人的注意力比金鱼的还短暂。"如果讲述的内容不能在短短几秒之内抓住人心，那么听众就不会再想听下去了。

在社交媒体时代，这种倾向会愈加明显。

不停灌输无聊的内容，只是在浪费别人的时间而已。而讲一个好故事，则可以不知不觉地潜入对方大脑。

正因如此，全球的精英人物才会特别重视讲故事的能力。

用最初—最终—启示讲一个"三十秒故事"

日本前首相菅义伟开口闭口便是"我来自秋田县的农民家庭，我并不是一名精英人士"。因为他知道，这样的故事容易引起大家的共鸣。

可能有人觉得自己没吃过苦，也没获得过很大的成功，所以没有故事可讲。其实，**每个人都是有故事的。**

故事并不一定要是本人的。比如，可以是有关自己所在公司的话题，创业时的艰辛、研发工作的内幕，等等。这些都会让你的故事更加引人入胜。

有一次，一家制造业公司的总经理委托我帮他写一篇面向外国人的演讲稿，讲讲公司通过改善经营方式、奇迹般起死回生的故事。

当然，仅仅罗列这个过程中的业绩数据是无法打动听众的。我们讨论讲述方式时，他曾无意间说到"有人说我们公司就好像××（某个著名故事的主人公）一样"。这句话启发了我，于是我建议他在讲故事的时候把公司比喻成这名主人公。

用虚构人物攻坚克难、完成蜕变的历程来比喻公司的成长，这种方式确实有些剑走偏锋，但那位总经理有极强的现场表现力，演讲最终非常成功。据说，这是他们公司有史以来最受欢迎的一次演讲。

试想，如果这次演讲通篇都是概念名词、抽象理论和数据，那么听众必然是左耳朵进、右耳朵出。

故事的力量不可估量。不过在职场上，最好不要长篇大论讲述自己的过往经历，这样一定不会有多少人愿意听，甚至会招致反感。

所以，让我们从讲"三十秒故事"开始学起吧。

故事有三个必需要素：最初、最终和启示。比如格林童话里《灰姑娘》的故事：

【最初】

不幸女孩受到欺凌。

【最终】

成为公主。

【启示】

只要有勇气，就能得到幸福。

再比如很多好莱坞商业电影的故事：

【最初】

战争或者斗争。

【最终】

和平。

【启示】

只要齐心协力、共同奋斗,就能迎来美好的结局。

将这些例子套用为公式,就可以用在你的自我介绍中了:

【最初】

我以前是个 ×× 的人。

【最终】

经过了 ×× 事情之后,我变成了现在的样子。

【启示】

我从这个过程中学会了 ××。

比如说,我的自我介绍是这样的:

【最初】

其实我以前是个非常害羞的人,很不擅长和陌生人讲话,也不敢当众演讲。于是,我开始去纽约百老汇大街上的一所表演学校学习。

【最终】

一开始我非常不适应,中途有好几次都想要放弃。但我一次又一次地练习,并努力尝试融入角色。有一天,我突然发现自己不再害怕别人的目光了。

【启示】

害羞超过一定限度后,就会变得麻木,最终也就习惯了。

胖的人变瘦了,不善打扮的人变时尚了,像这种"最初+最终+启示"模式的故事,每个人都会想要一探究竟。所以大家一定要多多发掘人生华丽变身中的动人情节。

技术 26

想要打动对方
就尽量选用在感官上
让人产生联想的语言

不论是在公司里还是在公司外，不少管理者讲话时都容易陷入下面的固定模式之中：

最近，咱们这个行业的形势……
（先把眼下的经济和经营环境分析一遍，全球、数字化、不透明、提升、变化、新常态、后新冠疫情时代等词语频繁出现。）

在该背景下，咱们公司／部门……
（再把公司的经营理念、历史变迁等内容重复一遍。）

所以，大家要……
（终于开始提出具体要求了：做好心理建设、端正日常工作态度、改善行动方法……通篇都是创新、变革、化风险为机遇这种抽象词语。）

这是很多管理者惯用的说话模式。这样的发言打从一开始就不会给人留下任何印象,是名副其实的废话。再算上因此浪费的时间、消磨的士气和贻误的商机,这些加到一起就是一笔莫大的损失。

这些废话的特点,就是充斥着大量无法调动情感的抽象语言。能动性、体系改革、创新……一点也不直观。

请看下面两种表述方式,哪一种更能让人在脑海里产生鲜活的画面感呢?

A. 她曾经是我最好的朋友。

B. 小学一年级的时候,她是我第一个同桌。她梳着娃娃头,眼睛亮闪闪的,牙齿如同玉米粒般整齐。她笑起来时总像是在做恶作剧时被人发现了一样,令人难忘。

和前面讲到的"汉堡说话术"一样,美国人在读小学时就会学到"Show, don't tell"(不是让对方听到,而是让对方看到)这一重要的交流法则。也就是说,说话时要让对方有画面感。

比如,不要一直用"say"(说)、"go"(走)等令人无法产生联想的词,而要用诸如"mutter"(小声嘀咕)、"scurry"(碎步小跑)等描述性的词语。即便是"young"(年轻)这样的形容词也可以换成其他方式来表述,毕竟"年轻"既可以形容高中生,也可以形容大学生,并不有利于人们针对描述对象展开更具体的联想。

史蒂夫·乔布斯某次在斯坦福大学演讲时,这样描述了自己曾经的贫穷生活:"在大学期间我连自己的宿舍都没有,只能在朋友的房间里借宿。为了糊口,我捡可口可乐的瓶子到商店里去卖,每个瓶子五美分。每周日我都会去七英里以外的一座寺庙,只为吃口热饭。"

普通人都会对名人的往事产生兴趣,乔布斯的这些细节描述让故事扑面而来,画面感十足。

高田明是日本著名电视购物公司JAPANET TAKATA的创始人,他也很擅长这种制造画面感的说话术,不仅能把一件商品的卖点说得清清楚楚,还能让人想到自己使用这件商品时的场景:"如果能拥有一部智能手机,即便您住的地方离孙子很远,也可以看到他每一天的成长,还可以在运动会上将孙子的英姿拍摄下来哟。"

这样的广告是不是很生动呢?

再举个例子,如果餐馆的菜单这样描述一道菜:"特制炖牛肉汉堡,来自小豆岛的高级牛肉。酥脆的炸薯条,使用法国最好的松露油。"你会不会有垂涎欲滴的感觉呢?对食材稀有程度的宣传,对色香味的细节描述,都能刺激人的感官。

想要打动对方的心,就要尽量选用在视觉和感官上能让人产生联想的语言。

技术 27

用数字表现出的巨大变化和超常规模来调动对方的情感

巧妙使用数字能够增强语言的画面感和感染力。

数字看上去是绝对客观的，其实也具有相对性。数字看似冷冰冰，实际上非常具有情感力量。

我们要学会用不同方式展示数字，用只有数字才能表现出的巨大变化和超常规模来调动对方的情感，以此来影响对方的心理。

下面讲两个运用数字的小技巧。

第一，精确的数字可以使语言充满活力，更有说服力。

不要用粗略的数字，要用分毫不差的精确数字营造规模感，释放冲击力。尤其在重要场合，可以不断地罗列数字，让别人觉得你已经掌握了全局的每个细节，成竹在胸。

× 本公司发展了多个项目。

√ 本公司发展了33个项目，例如体育俱乐部、餐饮等。

× 被非常多的顾客引用。

√ 被98个国家、12356家公司引用，占全球市场份额的

61%。

✗ 销售额大幅提升。

✓ 销售额与去年相比提高了98%，接近去年的2倍。

第二，**不能简单地罗列数字，还要突出相对特征。**

比如变化率（30倍、减少90%）、与常识性数字之间的对照（约为日本人口的80%），等等。因为使用数字说服他人时，重点不仅仅在于数字本身，而在于向对方传递"激增""非常多"等只有数字才能表达的印象。

A. 第一个月的存活率为89%。
B. 第一个月的死亡率为11%。

A. 在日本，该疾病的患病率为0.01%。
B. 12000人患有该疾病。

A和B所传达的信息基本一致，但是B比A更令人震撼，因为损失和风险更容易给人留下深刻的印象。

你看，即便说明的是同一情况，也会因为数字表达形式的差异而给人留下不同印象。

技术 28

越具体越有画面感
也就更容易说服对方

世界上不少地方都存在贫困问题，公众对此没有强烈感觉，但一张具体的新闻照片却能震撼整个世界。较之于数百万人所经历的苦难，某一个人的悲剧更能撼动人心。

宾夕法尼亚大学沃顿商学院的教授们研究发现，做募捐广告时，使用"为了玛丽七岁的女儿洛基娅"这样的文案，比"为了三百万名在忍饥挨饿的孩子"能筹到更多钱。

从学术层面上讲，这就是特定生命与统计性生命的差异。

有人说过："一个人的死亡是悲剧，但一百万人的死亡只是一个数据。"

人的想象力和共鸣会因为能否联想到具体对象而产生差异。

三百万人的群像比不上特别的个体，这条法则可以运用到日常交流当中。也就是说，要**尽量压缩所说内容的范围**。

× A公司是制作小吃糕点的。

√ 人人都吃过的××糕点就是A公司制作的。

× 各位同事，请××。

✓ ××事业部的各位同事，请努力××。

× 锻炼身体。
✓ 做瘦身运动，进行塑臀运动，锻炼肱二头肌。

× 他是个很顾家的人。
✓ 他每天早上五点起床，给家里的四个人做便当。他非常注重便当的营养均衡，至少加入了二十种食材。连便当提袋也是手工制作的。

不要说几百人，要说某一个人。

不要说全体同事，要说清是哪个部门、哪位同事。不要说整体，要说某一部分。

不要笼统地说一个人怎么样，要说能表现此人性格的代表性事件或情景。

不要说这类商品怎么样，要说某一批次中的某一个怎么样。

越是压缩时间、地点、人物的范围，画面感就越强烈，说服力也会随之增强。

上面这个方法也适用于自我介绍。

不要笼统地说"我是一个专注的人"。可以举个具体的例子：

"我削苹果能坚持很久,最高纪录是连削了共八米长的苹果皮。"

不要干巴巴地罗列简历:"我曾就职于××事业部,现在是××事业部的科长。"要表现出自己对职业的热爱:"我过去的人生全部奉献给了超导体研究。"

后一种说法比前一种更能给人留下深刻的印象。

亚马逊的创始人杰夫·贝佐斯就十分擅长营造一种画面感。在普林斯顿大学的毕业典礼上,他讲到十岁时的一段回忆:某天他跟爷爷、奶奶乘车外出,爷爷向正在抽烟的奶奶指出了抽烟的害处,结果把奶奶说哭了。这时爷爷转过头对他说:"温柔待人比正确做事更难。"这段具体的场景比笼统的回忆更能让人感到温暖且印象深刻,像放映机一般投影到听众脑海里。

再举个例子。我帮一位总经理策划过他在新员工入职仪式上的演讲。最开始他的讲稿平淡无奇:"大家以后都会遭遇各种挫折,请一定不要放弃。"我建议他更详细地描述新员工将要经历的挫折和烦恼,让听众产生画面感。经过多次修改,这段话变成了:"记不住工作内容,满腔懊悔,躲在店铺角落悄悄抹眼泪……也许大家以后会遇到这些情形。但是,请一定不要放弃。"这种身临其境般的感受深深烙印在了每位听众的脑海里。事后他高兴地对我说:"多亏了您,我的演讲非常成功。"

技术 29

"钢铁意志"太俗套 "宛如新干线的冰激凌般坚硬的意志" 效果更好

为了说服对方，经常需要将难懂的事物比喻成众所周知的事物。希腊哲学家亚里士多德曾说过："善用比喻的人最伟大。"不同的比喻方式可以让人的思维方式发生天翻地覆的变化。

斯坦福大学的研究显示，如果将罪犯比作病毒，那么大多数人倾向于让其改过自新，但如果比作猛兽，那就会有更多的人认为应该严惩不贷。

还有研究显示，"宛如婴儿的肌肤一般"之类的比喻，可以唤醒对方实际触碰时的触感。

比喻可以瞬间刺激大脑，是能够说服对方的强力子弹。

孙正义先生和永守重信先生是我见过最擅长比喻的两个人。他们一开口，奇妙的比喻就"扑面而来"。

比如孙正义先生曾说过"数豆腐要一块、两块地数，计算营业额要一兆日元、两兆日元地数""独角兽公司逐渐坠落于新冠病毒的山谷中"。永守重信先生也讲过"宁可喝一杯普通的番茶，也不要喝玉露（一种高级茶叶）的碎渣""要做一个像太阳一样强大的领导者"。

孙正义和永守重信像连珠炮一样打比方，表明他们迫切地想要让自己的话变得更加浅显易懂。

精彩的比喻能创造出极佳的表达效果。

像"如同天使般的睡颜""像冰一样冷"这种人人都能想到的简单比喻，或者字典里用作例句的比喻，都是缺乏冲击力的。

要用比喻，就别用那些老掉牙的、耳朵听出老茧的比喻，要尽量说一些"谁都不具备免疫力"的比喻。

"钢铁般的意志"这种比喻谁都会用。"宛如新干线的冰激凌一般坚硬的意志"这种比喻是不是效果就会好一些？

从上面的例子可以看出，**跨类别的比喻能给对方留下更为深刻的印象**。所以，要尽量使用同所描述事物之间差别较大的东西来打比方，这样能产生强烈的画面感。

技术 30

制造限定感
让人觉得"非听不可"

前几条技巧已经介绍了一些通过转换说话方式来增强说服力的诀窍，我再向大家介绍一个最简便的技巧。

我经常对企业的管理者进行如何答记者问的培训，模拟记者招待会或者采访场景，指导他们熟练答复媒体提问。

在美国，培训师开展此类培训时会用一种名为"Flagging"（用旗帜传递信号）的技巧：**在提出关键信息前，专门说几句话来提醒对方，接下来是重点，请务必听好。**

A. 发表意见时最重要的就是"激情"。

B. 请大家一定牢记，发表意见时最重要的就是"激情"。

B给人的印象是不是要深刻一些呢？

在你想要强调的信息之前，可以加入一句"魔法咒语"，借此打开对方大脑的记忆开关，比如"我今天所讲的，如果只需要记住一件事的话，那就是……""这个要点可以拆分为两大部分……""下面这段话你们一定要听清楚……""请想象一下……"等。这些示例都是在提醒对方，接下来要说很重要的信息，请务必清楚地记在脑子里!

怎么样?有没有觉得这些语句让你顿时竖起了耳朵呢?

说完这些"魔法咒语"后,还要停顿一拍,给出间隔,这一点也是很重要的。因为**短暂的停顿能制造紧张感,从而使听众的注意力集中在接下来的内容上。**

停顿之后说的内容里,还可以加上吊人胃口的词。比如网购时,我们经常能够看到"机会难得""绝无仅有"之类的宣传语,这种欠缺感和稀有感能够刺激人的渴求心理,进而有效驱使人采取实际行动。

你看,哪怕只是一句话、一个数字,也能发挥无尽的力量。只要能够灵活运用这股力量,任何人都能成为"说服大师"。

技术 31

放下自我
扮演献丑的"笨蛋"

你有没有过这样的感受？你站在很多人面前，聚光灯全部打在身上，光线刺得你睁不开眼，其他人的目光就好像利箭一样扎向你。你想开口，但大脑一片空白。

我曾经就是这样。一对一交流不会有什么问题，可一旦站在很多人面前，就突然患上了"目光恐惧症"。

为了改掉这个毛病，我尝试过许许多多的"改造实验"。在美国学习时，我一有机会就上台讲话、演讲、参加即兴短剧、讲故事、练习发声等，并且频繁前往沟通培训学校和大学里的"害羞研究所"等机构学习。在这些场景下，你从一开始就要让僵硬的嘴巴和身体动起来，而这恰恰是最让人痛苦的。

"要是把别人的名字读错了怎么办？"

"要是动作出错了怎么办？"

总之就是忐忑不安。

后来，我去百老汇大街的一所表演名校学习。因电影《时尚女魔头》一炮走红的女演员安妮·海瑟薇曾经也在这所学校就读。

在这所学校里，我主动要求出演一部讽刺短剧，所饰演的角色去参加情夫的葬礼，并在葬礼上遇见了情夫的妻子。

一开始，我又结巴又忘词。可犯了很多次错之后，反而渐渐把害怕犯错的紧张心态抛在脑后，愈加沉着冷静起来。我的妆容和服装都很逼真，在彻底融入角色之后，我不知不觉就变得快乐了起来。

这不是"自己"，而是第二个"自己"。

我感觉到，内心的自己正在冲破紧闭的外壳。

人际沟通没有最佳方式。学习沟通技巧，最重要的是彻底进入角色。只要从自我意识中抽离，就能从说话的紧张感中解放出来。只要不断练习，语言和动作就能渐渐融入肢体，成为肌肉记忆。**害羞不可怕，多害羞几次就习惯了**……我在那所表演名校中学到了很多道理，但最关键的是：放下自我，扮演一名献丑的"笨蛋"。

在日本商界，拥有顶级演讲能力的大师当数丰田章男先生。当被问及演讲的秘诀时，他是这么回答的："我只有一个建议。'在那么多人面前抛头露面，我会害羞的'，或者'当着这么多人，我要表现得酷一点'，很多人都会这么想。但如果能抛弃这些想法，你就会轻松很多。"

换句话讲，**演讲时你越耍帅，就越难看。**

丰田章男是日本商界为数不多的乔布斯风格的演讲者。有段时间，日本商界风气比较保守，很多人演讲时都紧皱眉头、一脸严肃，而丰田章男毫不顾忌地做出大幅度的肢体动作，露出灿烂的笑容，满怀热情地为听众带来欢乐和鼓励。他刻意舍身扮演"丑角"，就是为了脱颖而出，呈现最好的表达效果。

扮演"笨蛋"、不再装酷耍帅，才是提升演讲能力的第一步。

技术 32

用"哟嚯法则"
打破禁锢自己的外壳

身为沟通术教练，我的学生中有很多自尊心强、数十年来一直信奉"男人沉默是金"的中年男性。想要剥开他们铜墙铁壁般的外壳并非易事，我想到的破壁方法就是"哟嚯法则"。

方法很简单。想象自己爬上了一座山的山顶，高喊三次"哟嚯"，声音像放射弧一样传播出去，直达附近的另一座山。

第一次喊"哟嚯"使用音阶"do"，第二次喊使用音阶"mi"，第三次喊使用音阶"sol"。不用在意音准，只需有层次地提升音高、增大音量即可。喊完第三次后，保持此时的音高和音量，说出发言内容的第一句话。

哟嚯、哟嚯、哟嚯，大家好！

就是这种感觉。

这个练习，是为了让你养成精神饱满的习惯，一开口就气势十足，因为无精打采、缺乏张力的声音对听众毫无吸引力。当然，喊"哟嚯"的时候不必出声，在心里默念即可。

毫无准备地说出发言的第一个字，和以第三声"哟嚯"的气势开始发言，二者给人的印象是截然不同的。

上台发言的人分为两种，一种是单纯说明情况的信息提供者，另一种是能震撼人心的表演者。想从前者蜕变为后者，就必须打破围栏，跳出舒适区这个悠闲自得的空间。利用"哟嗬法则"突破羞耻感这面"重力之墙"之后，就可以在"无重力空间"里纵情施展，成为无敌的演讲者。

技术 33

演讲是
与会场里每个人交谈

很多人演讲时都像个孤独的投球手，要么单方面地默默投球，要么独自一人面向墙壁不断击打弹回的球。这种演讲是单向性的交流，会让演讲者和听众间的距离越来越远。

演讲不是独白，不是独角戏，而是对话，是语言的交互。

英国著名企业家、维珍品牌的创始人理查德·布兰森曾经很不擅长上台演讲。于是，他对自己说"只是和会场里的朋友聊聊天而已"，并以此来调整心态。

请记住，**演讲是与会场里的每一个人交谈。**

× 由于数字通信技术的不断发展，通信网络逐渐成为重要的社会基础设施。

√ 新冠病毒疫情期间，大家在居家办公时有没有遇到过网络信号差、通信不畅的情况呢？在当今的数字化时代里，通信网络基础设施可以说是社会的重要支柱。

相较于单方面、照本宣科的演讲，穿插提问与询问的演讲可以拉近与听众之间的距离，大大提升现场感、共鸣感。

曾在日本广播协会任职的资深媒体人池上彰，以及前文提到的高田明都是日本家喻户晓的电视明星。他们在说话时会经常使用"吗""对吧"等询问式的语气词，这是他们独有的互动方法，值得我们借鉴学习。

还有一种与观众互动的方式。请再回想一次"哟嚯法则"，在山间呼喊"哟嚯"之后一段时间，你一定会听到回声。演讲也是一样。首先，要直视听众，铿锵有力地说"大家好"。然后停顿一段时间，在心里想象着听众反过来说"你好"。

在演讲中感到紧张是一种本能反应，因为你被未知的"敌人"包围，会感到害怕。欧美的握手文化，其实是从确认彼此手中没有武器这一行为演变而来的。如果能够在一开始便确认眼前的人并非敌人，也就无须害怕了。与听众相互问好，换句话说就是与听众进行虚拟的握手。通过这种方式与听众建立起内心的桥梁，就可以消除大脑的紧张感。

使用这条法则，你的演讲就可以从孤独的单方面陈述，转变为与听众之间的双向对话。

技术 34

少用句号，多用问号能让演讲更有亲和力

如果你不擅长演讲，可以尝试将句号变为问号。

这样做可以把一个人的自言自语，变成与听众之间的互动，听众也会对你产生明显的好感。

这不仅仅适用于演讲，也适用于日常对话。交流本就始于对话，终于对话。

我分析过美国著名节目"TED演讲"中最受欢迎的二十五次演讲，发现其中的演讲者有以下共同特征：面带笑容，能让听众鼓掌、欢呼，多次向听众提问。

再看讲稿，问号总共出现579次，句号总共出现3910次。也就是说，陈述句与疑问句的比例接近7:1。

问号是演讲大师们的必杀技。

技术 35

演讲开场时间宝贵
别浪费在自我介绍上
要用于制造冲击力

优秀的演讲者都懂得为演讲的开场装上"鱼钩"。

"大家好，我是××。"很多演讲者都会在开场时介绍自己的名字。但实际上，主持人可能已经介绍过演讲者的情况了，会议手册、海报上可能也有演讲者的个人简介。也就是说，听众很可能已经知道演讲者的名字了。从自我介绍开始的演讲，是非常典型的无聊演讲。

还有"今天很荣幸被邀请到这里，非常感谢""我好像有点紧张啊"，这些也是典型的无效开场。要表达谢意应该用更巧妙的说法，而不是在演讲开场简单地说一声"谢谢"。袒露自己的不安，会让听众也陷入同样的紧张感之中。

演讲的开场时间非常宝贵，不应该浪费在致谢和自我介绍上，而应该用于制造冲击力。

一定要在开场词中设置"鱼钩"，勾住听众的注意力，否则听众就会走神。

演讲的成败取决于开场三十秒钟， 这一点无论何时都要铭记在心。

技术 36

演讲的
五种黄金开场

那么,演讲的三十秒开场要怎么才能讲好呢?我从点击次数最多的十次"TED演讲"中筛选出五种值得推荐的开场模式,结合具体实例介绍给大家。

第一种是幽默,也就是在开场时加入一句调侃。

"早上好,大家还好吗?很好吧对不对?我已经飘飘然了!那么,我这就飘走了。"

这是"TED演讲"中人气最高的演讲《学校扼杀创造力》的开场部分,演讲者是英国思想家肯·罗宾逊。

这个开场令听众捧腹大笑。幽默是难度最大的开场风格,如果使用得当,就能瞬间达到暖场的效果。

第二种是讲一件出人意料的事,因为谁都会对这样的东西印象深刻。

> "令人伤心的是,在接下来的十八分钟演讲时间里,四个美国人将会死亡,致死原因是他们的饮食。"

这是英国著名厨师杰米·奥利弗的演讲《教会孩子如何饮食》,他在开场部分用真实的数据震惊了全场。

将出人意料的真相公布给听众是个不错的方法,令人意想不到的事物能给大脑留下深刻印象。

第三种是讲故事,用逸闻趣事拉近与听众间的距离。

> "那我就这么开始吧。两年前,一个活动策划人打电话给我,她在电话里说……"

这是美国学者布琳·布朗的演讲《脆弱的力量》,她在开场部分将一个发生在自己身边的故事娓娓道来。

故事的结尾能与主题挂钩是最理想的,但家长里短的小事也能拉近与听众之间的距离。

第四种是提问,这是最常用的开场形式。

> "当事情的发展出乎意料时,你怎么解释?当别人获得反

常的成功时，你又会怎么解释？"

这是美国著名企业顾问西蒙·斯涅克的演讲《伟大的领袖如何激励行动》的开场白，他一上来就向听众提出了上述问题。

向听众提出问题是最常用的开场方法。

使用提问的方式能引起听众的注意，激发听众的兴趣，调动听众的积极性，从而达到扣人心弦的效果。

第五种是坦白，用"其实我……"这样的句式来引人入胜。

"我要坦承一件事，二十多年前，我做了一件至今想来仍后悔莫及的事。"

这是美国作家丹尼尔·平克的演讲《关于驱动力的迷思》，他在开场部分向大家坦白了一件有些令人惊讶的事。

每个人都有自己的秘密，也都对别人的秘密心怀好奇。"其实我现在非常苦恼"，这样的开场是不是很吊人胃口呢？"其实我……"，光凭这样的句式，就足以引人入胜了。

技术 37

另外五种好开场

还有五种开场方式也值得推荐：

- 让听众有参与感（"请站起来，深呼吸一次。"）
- 先放一段与演讲主题相关的视频
- 用耳熟能详的影视台词、格言警句开场
- 用一句大胆的宣言开场
- 以描述场景的方式开场（"请试着想象一下……"）

其实，除了我前面介绍过的方法，还有一百、一千种开场模式可以使用。

日本最大报业集团读卖新闻的总裁渡边恒雄先生在一次新员工入职仪式上的演说，给我留下了极其深刻的印象。他一站到台上，便开口说道："嗯……我还有七年寿命。"简直让人目瞪口呆。如此大胆的宣言让人不由得心想："这个人一定不简单。"

当然，并不只是开场部分才需要引人注目。在快节奏的现代社会，人们很容易对事物感到厌倦。为了吸引听众，就必须多下功夫，让整篇演讲都充满令人愉快、惊讶和憧憬的内容。

技术 38

你给人的印象 38% 由声音决定

在演讲方面，很多人向我请教过有关声音的问题。那么，要怎样才能让自己的声音好听呢？

粗略来讲，一个人给他人留下的社交印象有 55% 由外表决定，38% 由声音决定，7% 由纯粹的语言表达决定。这就是美国心理学家艾伯特·梅拉比安提出的"梅拉比安法则"。

为了学习发声技巧，我曾经修习过发声训练课，当时的教练对我说："声如其人。"声音是一面镜子，可以映照出人的性格和品性。

声音并不是越大越好。高声嘶吼的演讲者是没有说服力的。

以前，我的声音不是很通透，别人很难听辨，这让我非常苦恼。

待在纽约的那段时间里，我到百老汇大街去拜访了一位发声教练，请他教我发声方法。那时，还有很多专业人员都来向他学习发声技巧。

经过系统性学习，我惊讶地发现：发声其实是一种全身性运动，而声音就是呼吸本身。要想发出好的声音，就必须要彻底舒缓身体，保证充分的呼吸。

我接受了很多宛如运动会项目一般艰难的训练，比如边打滚边发声，等等。完成这些训练之后，我惊讶地发现，自己的声音已经变得非常饱满。

如果语速如同蜗牛一般缓慢，那么听众就会觉得无聊；但讲得太快，听众又无法消化。对于演讲而言，分清缓急很重要，比如关键词就需要慢点说。也就是说，演讲时好声音的关键就是张弛有度。

一首曲子，如果音量、音程和速度一直保持不变，那么听众很快就会厌倦。讲话速度要像过山车一样时慢时快，这种变化至关重要。

技术 39

"好声音"的秘诀是厚度和个性

很多人都觉得自己说话不够利落,因此而感到烦恼。对此我想说的是,如果声音听上去平平淡淡、毫无内涵,那就算说话再利落,也会给人留下肤浅的印象。

比起说话的流畅度,声音的厚度与个性更为重要。

说到魅力十足的声音,大家会联想到谁呢?比如马丁·路德·金、温斯顿·丘吉尔……

在日本商界,说到声音厚重与气场强大,京瓷集团的创始人稻盛和夫给我留下的印象最为深刻。他和我说话时,眼睛看着手边的资料,几乎没有抬过头。但他如同吟诵经文一般低沉厚重的声音非常具有磁性。

没错,想让声音拥有磁性,关键就在于低音。

美国杜克大学有一项令人震惊的研究结果:嗓音低沉的男性首席执行官,比声音条件一般的同行每年多赚18.7万美元。

英国历史上的首位女首相撒切尔夫人也曾经为了打磨出低沉的嗓音而苦练发声。只要看一下她历次演讲的录像,就能发现其音色的明显变化。

当然,高昂的声音也有其优势,是朝气与热情的体现,比尔·盖茨、孙正义、高田明都属于这种类型。但高田明平时讲话的声音是低沉的，只有在公众面前，他才会特意把自己转变为另一个人，故意调动情感，提高嗓音。

低沉的声音让人感到威严和稳重，高昂的声音让人感到亲切和朝气。演讲高手们深谙此道，能够有策略地使用高音和低音，比如激励时用高昂的腔调，训诫时用低沉而威严的声音。

对声音没有自信的人，可以学习下面的秘诀。

发出低音的基本动作分三步：

第一，用鼻子深吸一口气，让丹田充满空气。

第二，像挤牙膏一样，释放出腹腔中的空气。

第三，吐气的同时，张大嘴巴说话。

还有一个秘诀能够瞬间改变音高。发声时，如果将注意力集中在头顶上，音调就会升高；如果将注意力集中在肚脐上，音调就会降低。就是这么简单。

人的声音从声带中产生，经过口腔、鼻腔、胸腔的共鸣后传播出去。所以发生共鸣的空腔越靠上，声音就越高，反之，声音就越低。

声音就是你自己。通过锤炼声音，来树立自信心吧！

技术 40

视频会议
也是一种演讲

如今，线上交流逐渐成为趋势。但视频会议给人们带来便利的同时，也给大脑带来很大负担。

研究发现，60%到80%的肢体语言都会对交流产生影响。

人类的肢体语言非常丰富，光表情就有25万种。在线下的真实场景里，人脑会瞬间读取眼神、身体动作等非语言认知信号，并推测出对话的发展状况，同时结合表情和肢体语言建立双方之间的共情关系。但是在线上的虚拟场景里无法做到这些。

另外，参加视频会议时没有机会进行眼神交流，每个人都要一直盯着自己的头像。还有技术原因导致的各种问题，如音质和画质差、音画不同步、总是有回声等。这些都会让人感到疲劳。相较于线下会议，参加视频会议时更难集中注意力。

有研究表明，在视频会议中的说话机会要比线下会议少25%。

人本来是用五感来接收信息的，但在视频会议的环境下，只能靠耳朵和眼睛来接收，所以信息的发出者在发言时必须付出更多努力。

参加视频会议时，所讲内容浅显易懂，声音缓急得当很重要。此外，要搭配怎样的表情、要怎样展示发言资料、要怎样吸引听众注意力，这些方面也需要好好下一番功夫。

在信息时代，YouTube（优兔）这类视频网站的主播们都是演讲高手，值得我们学习。下面我要跟大家分享六种高人气主播们经常使用的技巧。

第一，丰富的表情。很多视频网站高人气主播的表情很丰富，甚至可以说是夸张。开心、生动的表情会让观众也产生快乐的心情。

第二，夸张的动作。如果没有动作，观众就会感到厌倦。所以，高人气的主播们总是有意识地做出不同动作，比如走一走、跑一跑。

第三，展示物品，激发观众的兴趣。通过展示新商品、宠物等实物，或者玩电子游戏的过程，来激发观众的兴趣。直播就是这个道理。

第四，不断使用效果音。在需要强调的重要片段，或者切换画面时，主播们会使用效果音。

第五，加入字幕。给重要内容配上字幕。这也是电视节目里常用的方法。

第六，使用口语。口语会制造一种亲近感，仿佛在和观众对话。

对于口头难以传达的信息，还可以用刺激听觉和视觉的方式，让对方更直观地理解和记忆。新冠疫情期间，在媒体上露面的官员们都会使用大幅的图解卡来辅助发言，就是这个道理。

技术 41

演讲要用视觉和听觉刺激对方的情感

比尔·盖茨是大家都熟悉的商界精英，同时也是技艺高超的演讲者。我们应该向他学习将信息视觉化和形象化的演讲技巧。

比尔·盖茨一直坚持举办宣传防治传染病的活动。在某次演讲中，他拿着一个玻璃瓶走上讲台，这样说道："疟疾是由蚊子传播的。我带了一些到现场，想让大家实际体验一下，在会场里听听它们的嗡嗡声。"

说着，他打开了玻璃瓶盖，全场观众一片哗然。他又说道："放心，这些蚊子没有疟疾。"

这个例子告诉我们，**交流是通过驱动情感来完成的。**调动观众的情感，才能取得更好的效果。

而对于从小就被各种信息填满的现代人而言，全是文字、毫无感情的演讲不可能调动他们的情感。

记住，演讲要利用视觉和听觉来刺激对方的情感。

技术 42

演讲时
眼睛应该看谁

迄今为止，我以私人教练的身份已经帮助过无数位企业高管实现了华丽的转变。如果有人问我："对于演讲而言，假设只能改善一种能力，你觉得改善哪一种的效果最为显著呢？"我一定毫不犹豫地回答："眼神交流。"

日本的研究机构做过一项研究：让两个实验对象四目相对，随后对这两个人的大脑活动进行观察。结果表明，他们大脑的特定部位处于同步活动的状态。

也就是说，眼神交流可以让情感相互联通，从而实现共鸣。

相较于欧美人，东亚人进行眼神交流的频率很低，交流方法也是错漏百出。很多人演讲时，都是这样与听众进行眼神交流的：

- 灯塔模式（眺望整个会场）
- 机器模式（将会场切分为很多个区域，按顺序依次看向这些区域）
- 回首模式（大部分时间都在回头看PPT，观众只能看到演讲者的后脑勺）
- 网球观众模式（就像节拍器一样，视线左右来回摆动）

- 打地鼠模式（一直埋头看手上的资料，边看边读，偶尔才抬起头来）

这些都是错误的眼神交流方法。

正确的眼神交流既不是"打地鼠"，也不是"灯塔"，而是"传接球"。**要和每一位观众依次进行眼神交流，就好像棒球的传接球练习那样轮流投球、接球。**

"A区的年轻女性。"

"B区的中年男性。"

像这样锁定某一个观众，与其目光相接，就好像单独交谈一样自然地与其进行眼神交流就可以了。

很多时候，听众对于演讲的反应会比较冷淡，甚至有很多人从头到尾都是"扑克脸"。所以，如果发现有人对你点头，就努力和这个人做好眼神交流吧。

最近也有很多公司高管问我视频会议时高效传递信息的诀窍，这个诀窍就是正确的眼神交流。

开视频会议时，一定要把镜头中的交谈对象当成真实坐在面前的人，与之目光接触。另外请注意，如果摄像头处于下方的话，视频画面看上去就好似在俯视对方一般，所以要调整好摄像头的角度和高度，以便与对方的目光正常接触。

技术 43

演讲中 70% 的时间都要目视观众

有很多演讲者都喜欢盯着PPT或者发言稿,这是紧张的表现,不仅毫无用处,还会起到反作用。我的建议是,演讲中70%以上的时间都要目视听众。

如果你不擅长眼神交流,可以只在以下四种情况下看着观众讲话:

- 开头的三十秒
- 当前页的PPT或发言稿信息量较少,不需要照读
- 当前的语句或信息需要强调
- 使用"那么""然而"等连词切换场景时

另外,对眼神交流感到紧张的人,还可以只看向对方的眉心。

美国前总统比尔·克林顿就是眼神交流的大师。可以说,无论是谁,只要和他四目相对,就会如同进入了神秘空间一般被他俘获,成为他的崇拜者。

眼神交流,就是**在刹那之间与对方建立共同体关系**的秘诀。

技术 44

自信是通过"装作有自信"培养出来的

目前为止，我已经向大家介绍了四十三条说话技术。从两人初次见面时的闲聊，到表扬、批评、说明、说服、演讲，涵盖了日常生活中的各种交流场景。

我相信，无论你是管理者还是普通职场人，或者仅仅是想提升表达能力，在社交中更有魅力，这些都会派上用场。

现在我唐突地问一句，大家认为自己是有自信的人吗？我相信，每个人都曾在某个时刻缺乏自信，也都遇到过气场强大的人，被其充满自信的发言打动过。

有些人无论自己多么优秀也总是缺乏自信，而有些人即便能力并不出众也能自信满满。说到底，**自信就是一种自我暗示，所以一定要让大脑坚信"我很有实力"。**

最简单的办法就是假装自信。提出这个方法的是哈佛大学商学院的艾米·卡迪教授。

做法很简单，可以像高举双手的超人或叉腰挺胸的神奇女侠一样，摆一个显出自己很有实力的造型，坚持两分钟，自信心就会涌现出来。

卡迪教授曾在2012年的"TED演讲"中介绍过这个方法，

当时便引起了热烈反响。当然，也曾有人对其可信度提出质疑，但这一方法至今仍被很多人提及并使用。

卡迪教授的研究表明，摆出显示实力的造型会让身体减少分泌制造紧张感的激素——皮质醇，同时分泌更多激发自信的激素——睾丸素。

也就是说，假装强大，就能变得强大。

装作"我能行"，不知不觉间就真的"行"了。假装自信，就能建立自信。

记住，**不是先建立自信，而后学习如何与人交流，而是先以自信的姿态与人交流，在交流中逐渐建立真正的自信。**

技术 45

抬头挺胸是最重要的肢体语言

要想改变交流模式，肢体语言是很重要的。在美国，许多心理学家都是这方面的专家。

有一位被称为"扑克天才"的魔术师在纽约创办了一所沟通培训学校。在纽约的那段时间里，我曾体验过这所学校的教学内容。

这个人能够根据对方的表情和动作看穿对方手中的牌。他利用这个特长教别人如何调动情感，如何展示自信。

他提到：**"一个人的存在感与其所占据的物理空间成正比。"**这句话让我印象深刻。

就像孔雀开屏一样，展示的范围越大，展现的力量感也就越强。所以与人交流时动作要尽量张开，即便是演讲也要来回走动。一定要保证属于自己的空间足够大，这一点很重要。

欧美人的块头普遍都比较大，欧美的精英人士更是大都有一副魁梧身材。很多人坚信万事万物都是越大越好，也有人说体型甚至能影响事业和财运。

美国人中身高超过183厘米的人占14.5%，而在世界500强企业的首席执行官中，这个占比高达58%。

发表于美国心理学会专刊杂志的研究显示,身高每增加2.54厘米,年收入就会增加789美元。

当然,在美国的顶级高管当中,白种男性占多数,他们本来就身材高大,这对研究结果造成了一定影响。但是身材越高大,生存能力、战斗能力就会越强,这确实是人们潜意识里的共识。

所以,对于企业的高管而言,抬头挺胸,占领更多空间,动作大开大合,都非常重要。

不过,东亚国家的人以恭谨谦逊为美德,不知不觉之间,反倒会拘束身体,给对方不自信的感觉。

比如,双手重叠在大腿之间。很多人用这种姿势来表示亲近,其实这会释放不自信和焦虑的信号。这种姿势会令人不经意间缩起肩膀,让整个身体看上去很瘦小。

所以,**领导者的基本姿势应该是把背挺直,张开双肩,双手垂于身体两侧,或者双臂交叉位于肚脐以上。**

把手放在这两个位置,讲话时更方便做出手势。

想给人以仪表堂堂的感觉,就应该让两脚间距与肩同宽,像高大建筑物的大门一样顶天立地。

先摆出强有力的姿势,之后便会逐步形成强大的内心。

技术 46

扔掉套话
像领导者一样
永远斩钉截铁

在新冠疫情危机下,不少日本官员都被批评机械读稿,加上稿子都是官面文章,篇幅冗长,文笔生硬,给人造成了冷漠的印象。语句冗长,读起来都很费劲,听起来就更是一头雾水。

越简短,才越有说服力。

如果想要展现自信,提升领导力,首先要尽量**减少使用"我认为""我觉得"这两种套话。**

我还是记者的时候曾学到一点:写文章时不要重复用同一个句式,每句话都是"我觉得如何如何"或者"我认为如何如何",会显得缺乏力量感,也很枯燥。

真正的领导不喜欢废话连篇。

领导力的体现,就在斩钉截铁的简短表达中。

技术 47

像神级领导者一样学会片刻沉默

两人对话时，如果对方不停地说"那个……那个……"，会不会让你心生反感？尤其是开视频会议时，所有人的注意力都集中在语音上，听起来会格外刺耳。

这种填补冷场用的词语，在英语里被称为"填充词"。顾名思义，它只是填充空隙用的边角料。

我曾在纽约参加过国际演讲协会的小组活动，每次发表演讲时，其他成员都会计算我使用填充词的次数。几次下来，我就养成了尽量少用填充词的习惯。可见，只要有意识地克制自己，就能做到少用，甚至不用填充词。

其实对于自己说话时难以意识到的其他表达陋习，也可以用同样的方法克服。比如，可以用手机拍摄自己说话的样子，而后对着视频观察一下。你会发现很多平时没有发现的表达"陋习"。

与其滥用毫无意义的填充词，不如留白，也就是在讲重点内容之前，或是在想集中听众注意力时短暂地停顿一下。英语中把这种停顿称为"意味深长的停顿"，优秀的领导者都擅长利用这种片刻的沉默。

"今天，我一定要告诉大家的是……非常感谢大家阅读这本书！"

技术 48

在催人泪下前
你自己要热泪盈眶
在以理服人前
你自己要坚信不疑

在我所遇到的所有日本企业家中，留下最深刻印象的是孙正义、永守重信和前泽友作。他们三人的共同点就是重视交流，且都散发着一种"气"，这种"气"比他们的语言更加令人叹服。

意气、英气、士气、霸气、勇气、气势、气概、气魄、气力……

这种"气"就是能量、热情和威严的表现。

让物体动起来需要什么？需要能量。人也是一样的。越优秀的领导者越是能够操纵情感、传递热情，通过能量来驱动他人。

如果企业的管理者缺乏这种能量，所说的话就会死气沉沉，丝毫打动不了职员的心。

学校里也是如此。如果老师们一直用平淡、缺乏互动、没有起伏的说话方式授课，就会让学生们误以为这是标准的说话方式。

一旦这种"低温症"蔓延开来，就会在整个社会形成恶性的连锁反应。

有了能量，说话时的表情就会更加丰富，自然而然也会加入手势。人不需要有意地去控制手势，因为手势就是一种能量，可以从身体内部自然而然地迸发出来。

当然，对于长期"低耗能"的人来说，突然转换为"加大火力"的行为模式并不容易。在此我介绍三个诀窍。

第一，**思索每个词背后的情感**，这样就能避免在台上机械地读稿。具体做法是，在起草发言稿时就不要一字一句地写，而应该采用列条目、写关键词的方式。稿子写完后就反复练习，练习时一定要思索每个词的含义及其所蕴含的情感。

我曾为一家汽车制造厂写过一篇演讲稿，其中有一句是"奔跑的喜悦感"。但他们的总经理在讲到这一句时语气平平，毫无感情。如果为"喜悦"这个词语注入"喜悦"的情感，就更能够打动听众。

记住，不是传递词语，而是传递含义和情感。

第二，**尽量在说话时站起来、走起来。** 站起来说话，或者一边走动一边说话。这种动态无疑更具能量感。

某电视节目曾做过一个实验，让歌手演唱时不要做任何手势，结果歌手只能唱出平时一半的音量。

站直身体，加入手势，就可以让身体放松，让肺部吸入充足的氧气，进而提高音量。

动作可以增强视觉和听觉的冲击力,让表达效果更好。试想一下,看到演讲者做出握紧拳头的手势时,你是不是能感受到一种决心和力量呢?

第三,以情传情。**别去考虑"我要传递什么内容",而是考虑"我要传递怎样的情感"。**想让对方兴奋?想让对方感到自豪?还是想让对方保持严肃?想取得这些效果,首先你自己就必须切实感受到这些情感。

丘吉尔曾说:"没有真诚就打动不了别人。在以情动人前,你自己要先被打动。在催人泪下前,你自己要热泪盈眶。在以理服人前,你自己要坚信不疑。"这段名言充满打动他人的智慧。

五种方法
让你的当众陈述
言简意赅

技术 49

在当下的职场，PPT是沟通交流的重要辅助工具。PPT是否一目了然、浅显易懂，与听众的接受程度息息相关。

我浏览过数以千计的PPT资料，几乎全部都是密密麻麻的文字、照片、图表。那感觉就像到超市里参加抢购活动，不把袋子塞满就亏得慌。并且我发现，公司越大，这种"只要写进PPT，听众就能吸收领会全部信息"的观念就越顽固。

其实，有效的PPT制作原则是**一页一张图，一页一行字**，尽可能缩减字数，让内容更加直观，避免逐条罗列。那怎样才能做到呢？

下面教你五种为PPT瘦身的办法。

第一，不打算在宣讲时口头解释的内容、不清晰的图像、小到看不清楚的图片和文字，千万别放。**不能让听众去"读"PPT。**详细的数据资料可以提前分发，现场使用的PPT上的信息量越少越好。

第二，**不要重复使用同一个词**。我见过一家大型电机公司的PPT，"全球化"这个词竟然在同一页面上出现了6次之多。这种情况一定要杜绝。

第三，**不要用抽象、空洞的词汇**。坚持不懈地组织、强化开拓能力、以肉眼可见的速度提高执行力、推进结构改革、创造性行动……这样的词听过以后根本不会有任何触动。

如果你要讲如何开展结构改革，那就应该着重介绍具体案例、数据和重要概念。比如：

结构改革的三大要素：
1. 削减××%的人员，节省××亿元的经费
2. 重点投入××项目，提高××%销售额
3. 调整工厂编制，提高××%生产力

就算是平常聊天，"我要每天跑步五公里，坚持无碳水饮食，目标是减重三公斤"也要比"坚持不懈、以肉眼可见的速度减肥"更有说服力。

第四，**每页的标题要有实用感**。起标题有两种方法——第一种是提问题，概括当页要解决的问题，可以加上疑问

词。例如,"改革的方向(是什么)""计划的主题(是什么)"等。

第二种是给答案,概括解决问题的最主要措施。例如,"进行三次改革,成为行业标杆""调整部门结构,降低30亿日元人工费"等。

不论采用哪种方法,都务必要牢牢守住"一页PPT,一条信息"的底线。每页只传递一条信息,就能让这条信息更加明确。

第五,**讲解时间不能超过二十分钟。**"TED演讲"的单次时长不会超过十八分钟。从脑科学的角度而言,这个时长恰到好处,对听众来说不是太长,对于演讲者而言又不会太短。

技术 50

建立信任,只要五步:寒暄、赞赏、倾听共情、感谢

最后一条技术,是沟通术基础中的基础——"社交五步法"。

第一步是寒暄。

别看这只是件普普通通的事,做不来的大有人在。现代人逃避寒暄的理由五花八门:只不过是一种礼节而已,费时费力,不好意思开口,怕给对方添麻烦……

但寒暄绝非可有可无,它非常有助于拉近人际关系。与售货员的攀谈,同事间漫不经心的闲聊,这些人与人之间三言两语的交流能够大幅提升幸福感,在人与人之间形成一种若即若离的纽带。

"早上好""午安""再会"……寥寥数语,就能向对方表达你的关心。尽管只是一种口头表达,但并不会显得敷衍了事。

在某些不方便开口寒暄的场合下,也可以点头或微笑致意,但一定要在双方充分对视之后再进行。

这样一个看似不起眼的举动,能够打破人与人之间坚硬的壁垒,给别人留下良好的第一印象,进而建立联系,拉近关系,拓展人脉。

第二步是赞赏。

心理学有一个概念叫"皮格马利翁效应",由美国心理学家罗伯特·罗森塔尔提出,意思是人在被寄予期望的情况下会取得更大成就。赞赏得当,就能更有效地调动对方的积极性。所以,做一个一流的夸人高手吧。

第三步是倾听。

如果人人都能注意倾听,既不要喋喋不休,也不要一味倾泻怒火,那么这个社会一定会更加舒适宜居。

"是的,你说得对。"或许,所有良好人际关系的开端,只需这样短短的一句话。

第四步是微笑。

据说一个笑容能带来的幸福感相当于两千条巧克力。就算一无所有,仅凭笑容也能让人感到幸福。婴儿天真无邪的笑脸,店员阳光般的笑颜,亲朋好友无忧无虑的笑容,一定都曾让你心情愉悦,心中涌现一股暖流。

笑容是会传染的。人类有一种叫作"镜像神经元"的神经细胞,能够驱使自己模仿其他个体的行为。在镜像神经元的作用下,笑容会唤起笑容。当你对其他人报以微笑,对方大脑也会出现回报微笑的反应,进而产生让双方情绪高涨的共情关系。

笑容不仅会让对方感到幸福，也会让自己感到幸福。很多试验都证明，人并非因为心情好才面露笑容，而是面露笑容这个行为本身让人心情愉悦。开心快乐的情感会带来笑容，笑容也能让人开心起来。

真正的笑容是什么样的呢？就是连口罩也挡不住的笑容。根据19世纪中叶法国神经学家杜兴的研究结论，笑容主要分为两种，一种笑容仅调动面部肌肉，另一种笑容还会调动颧骨至眼周的肌肉，后者才是真正的笑容。

感到情绪低落时，也可以收缩颧骨肌肉制造笑容，以此获得片刻愉悦的心情。不信的话，拿一支铅笔，横着咬住它。怎么样，是不是觉得心情好一些了呢？

特蕾莎修女曾说过："一个简单的笑容，也能创造出我们无法想象的可能性。"

请你相信，笑容是一种拥有无限可能的力量。

第五步是感谢。

谢意能够产生各种积极作用：增加幸福感、塑造乐观的思维方式、改善人际关系、增强工作执行力、减轻身体痛苦、带来宽容和共情、提高睡眠质量、提升自我认同感，等等。

经常表达谢意的人，能让感谢变成一种个人素质。这样一来，人们自然而然会聚集在他身边。

自尊心、羞耻心、好面子，这些都是利己观念在作祟。如果从利他观念出发，做到上面这五个步骤并非难事。这样一来，你一定能够将"信任"这一现代社会的通用货币，无穷无尽地收入囊中。

后 记

让人生大变样的魔法技巧

我想每个人或多或少都有一些人际关系方面的烦恼。

人之所以为"人",是因为人是一种社会性动物。人类原始的生存需求驱动人们去寻求温暖,构筑并维系人际关系。

每个人的内心深处都埋藏着交流需求,如果一味压制,幸福感就会降低,导致精神焦虑等问题。另一方面,也不能强求与他人的共同语言,那会形成过度约束的人际关系,同样让人透不过气。只有站在二者中间,寻求一种宽松的纽带关系,才能让人实现自立,获得真正的自由。

"一个人也没什么不好。""你已经是成年人了,要学会独自承受。"现代社会似乎特别推崇对孤独的耐受力。然而,人的生活不应该是单打独斗,而应该是相互扶持。就算因此而与他人爆发摩擦也没关系。摩擦确实可怕,但它也是一种极富创造性的能量。

我坚信，不论何时何地，沟通交流能力都是让每个人在当下新时代游刃有余的关键。本书的终极目标，就是帮你提升这种沟通交流能力。改变说话方式，就可以改变人生。不论你现在是什么年纪、什么状态，改变说话方式都能让你整个人发生巨变。

***

我是一名沟通术教练，至今已经指导过一千多位社长和企业管理者，帮助他们改变说话方式。

这些人中，有日本首屈一指的汽车巨头企业的总裁和董事、大型电机制造商的管理团队、大型通信公司的总裁、大型银行的董事、跨国制药企业和IT企业的外方总裁等，他们的公司在日本家喻户晓。甚至连各地方的行政首长、内阁大臣等政治家，还有医院、大学的董事长也向我学习过说话技巧。

在成为沟通术教练之前我是一名记者，采访过软银集团创始人孙正义、日本电产公司创始人永守重信等顶尖领导者，近距离观察、研究过他们的说话艺术和表达方式。我还曾留学英国，在剑桥大学学习国际关系学，有幸聆听各国专家学者的教诲，接受说话技巧的训练。

此后，我因家庭原因从报社辞职并前往美国，就读于麻省理工学院，研究互联网对媒体和社交带来的改变。同时，我还在哈佛大学法学院修习沟通技巧课程，接受美国一流经济专家、政治家等知识巨人的教导。三年半后我回到日本，开始从事公关顾问的工作，内容是培训企业高管，提高他们应对媒体采访的能力。

可是，尽管我留洋学习的就是沟通交流方面的知识，实际上我本人是一个十足的胆小鬼，很害怕站在人前讲话。

"我要在人前大大方方地讲话。我要克服自卑。"我下定决心，再次赴美，专门学习沟通技术。

在纽约，专门讲授沟通术的机构多到令我叹为观止。城市里遍布着不计其数的培训学校，任何人下班后都能像去健身房一样，轻而易举找到一个地方，挥汗如雨地锻炼说话技巧。我挑选了一个机构，拜沟通交流技巧方面的教员、专家为师，将世界水平的说话技巧一网打尽。

就这样，经过"汗流浃背"（冷汗）的努力，在不知不觉间，我发现沟通交流变得像呼吸一样自如。

记者和公关顾问的实践经验，全球领导者的说话艺术，脑科学、心理学、戏剧学、人类学等学术研究所证实的世界水平的沟通技巧——我将这三种知识融会贯通，创造了独特的说话技巧提高术。

从成为一名沟通术的私人教练至今已满十年。十年间，我帮助了超过一千位企业管理者，还有无数的普通职场人。

这本书可以说是我的独家秘方，我把曾经向世界超级精英讨教而来并传授给顶尖领导者的"斩获他人共鸣和信任的说话术公式"在书中倾囊相授。

※※※

其实，即便在已经攀上大企业顶峰的精英人群当中，不善表达、渴望学习说话技巧的人也不在少数。

学校教育虽然传授阅读和写作技巧，但没有关于如何表达、如何倾听的系统化课程。既没有公式，也没有教科书，更缺少专业老师。

很多人认为表达能力的学习是一个不言自明、点到为止的过程。即便是在这一方面有丰富经验的人，也都是自成一派，没有任何系统性方法可言。这就导致了诸多问题：灵光一现但说不出口，不善于与他人寒暄聊天，在人前羞于启齿……

其实，说话技巧绝不是什么与生俱来的天赋，而是一种可以随时随地开始学习，而且轻而易举就能掌握的技巧，需要的只是少许指点、可供练习的环境和愿意提供支持的"后盾"。只要多几分对说话的关注，便能够改变观念，重塑自己的沟通能力。

本书按照应用场景分门别类归纳了能够在短时间内学会并使用的50个简单法则，可以自己练习，也可以直接用于日常交流。相信只要在每一次对话中逐一尝试这些法则，你的说话方式必定会有显著改变，沟通交流能力也会取得一日千里的进步。

***

当前，线上办公替代线下办公、视频会议替代传统会议的趋势愈发明显，而且短期内不会发生变化。我在书中也介绍了大量有益于这种线上交流的、立竿见影的技巧。

我认为，正因为当今时代人与人的空间距离变得更远，拉近人与人心的距离、构建人与人联系的沟通交流才显得愈发重要。

无论是谁，只要有需要，或者仅仅是兴之所至，都可以与人轻松交流、结交伙伴、建立互帮互助的关系，进而能够步履稳健地迈向未来。这就是我写作本书的目的所在。

根据哈佛大学多年学术研究，幸福感的决定性因素不是赚得盆满钵满或事业有成，而是和谐的人际关系。会说话正是维系这种关系的丝线。本书通篇介绍的都是如何编织这种丝线，如果这些"魔法技巧"能够让更多的人收获美满的人际关系，那么我将不胜荣幸。

衷心希望能够与各位读者结缘，也希望读者们能够编织出不可计数的丝线。

您的说话课私人教练冈本纯子

2020 年 10 月 8 日

冈本纯子

毕业于早稻田大学和剑桥大学

曾任麻省理工学院比较媒体学客座研究员

说话的技术

作者 _ [日]冈本纯子　译者 _ 姚奕崴

产品经理 _ 谭思灏　　装帧设计 _ 肖雯　　产品总监 _ 木木
技术编辑 _ 顾逸飞　　责任印制 _ 梁拥军　　出品人 _ 吴畏

营销团队 _ 毛婷　阮班欢　孙烨

果麦

www.guomai.cn

图书在版编目（CIP）数据

说话的技术 /（日）冈本纯子著；姚奕崴译 . -- 成都：四川文艺出版社，2023.4（2023.11重印）
ISBN 978-7-5411-6604-4

Ⅰ. ①说… Ⅱ. ①冈… ②姚… Ⅲ. ①人际关系学—通俗读物 Ⅳ. ①C912.11-49

中国国家版本馆CIP数据核字（2023）第047393号

SEKAI SAIKOUNO HANASHIKATA by Junko Okamoto
Copyright © 2020 Junko Okamoto
All rights reserved.
Original Japanese edition published by TOYO KEIZAI INC.
Simplified Chinese translation copyright © 2023 by GUOMAI Culture & Media Co., Ltd.
This Simplified Chinese edition published by arrangement with TOYO KEIZAI INC., Tokyo, through BARDON CHINESE CREATIVE AGENCY LIMITED, Hong Kong.

著作权合同登记号　图进字：21-2023-47

SHUOHUA DE JISHU
说话的技术

[日] 冈本纯子 著　姚奕崴 译

出 品 人	谭清洁
产品经理	谭思灏
责任编辑	陈雪媛
封面设计	肖　雯
责任校对	段　敏
出版发行	四川文艺出版社（成都市锦江区三色路238号）
网　　址	www.scwys.com
电　　话	021-64386496（发行部）　028-86361781（编辑部）
印　　刷	河北鹏润印刷有限公司
成品尺寸	140mm×200mm
开　　本	32开
印　　张	5.5
字　　数	80千
印　　数	13,001—18,000
版　　次	2023年4月第一版
印　　次	2023年11月第三次印刷
书　　号	ISBN 978-7-5411-6604-4
定　　价	50.00元

版权所有　侵权必究。如发现印装质量问题影响阅读，请联系021-64386496调换。